MARCO POLO

PIEMONT

TURIN

Reisen mit Insider Tipps

In Turin und im Piemont kann man noch vieles entdecken; anders als in Rom oder Florenz haben nicht schon Heerscharen von Touristen auch die verborgensten Winkel aufgestöbert.
MARCO POLO Autorin
Annette Rübesamen
(siehe S. 135)

Spezielle News, Lesermeinungen und Angebote zum Piemont:
www.marcopolo.de/piemont

PIEMONT

> SYMBOLE

Insider Tipp **MARCO POLO INSIDER-TIPPS**
Von unserer Autorin für Sie entdeckt

★ **MARCO POLO HIGHLIGHTS**
Alles, was Sie im Piemont kennen sollten

SCHÖNE AUSSICHT

WLAN-HOTSPOT

HIER TRIFFT SICH DIE SZENE

> PREISKATEGORIEN

HOTELS

€€€ über 150 Euro
€€ 80–150 Euro
€ unter 80 Euro
Preise für ein DZ mit Frühstück. Günstige Unterkünfte gibt es auch auf Bauernhöfen *(agriturismo)*. Da gibt es Doppelzimmer oft schon für 60 Euro

RESTAURANTS

€€€ über 50 Euro
€€ 25–50 Euro
€ unter 25 Euro
Preise für ein Menü inklusive Brot, Gedeck und Wasser

> KARTEN

[122 A1] Seitenzahlen und Koordinaten für de Reiseatlas Piemon
[U A1] Koordinaten für di Karte Turin im hinteren Umschlag
[0] außerhalb des Kartenausschnitts

Zu Ihrer Orientierung sind auch die Orte mit Koordina ten versehen, die nicht im Reiseatlas eingetragen sinc

INHALT

> SZENE

S. 12–15: Trends, Entdeckungen, Hotspots! Was wann wo im Piemont los ist, verrät der MARCO POLO Szeneautor vor Ort

> 24 STUNDEN

S. 104/105: Action pur und einmalige Erlebnisse in 24 Stunden! MARCO POLO hat für Sie einen außergewöhnlichen Tag rund um Turin zusammengestellt

> LOW BUDGET

Viel erleben für wenig Geld! Wo Sie zu kleinen Preisen etwas Besonderes genießen und tolle Schnäppchen machen können:

Schnäppchenstopp am Lago Maggiore S. 36 | Käse zum Kampfpreis S. 48 | Eintritt frei im Ökomuseum der Schäferei S. 54 | Mit Gratisrädern Casale Monferrato erkunden S. 80 | In Turin 23-mal Schokolade kosten für nur 15 Euro S. 94

> GUT ZU WISSEN

Was war wann? S. 10 | Blogs & Podcasts S. 18 | Spezialitäten S. 26 | Die Kultur der Walser S. 38 | Rennradler S. 58 | Bücher & Filme S. 62 | Teure Trüffelsucher S. 83 | Zeitgenössische Kunst S. 88 | Apericena S. 96 | Was kostet wie viel? S. 113 | Wetter in Turin S. 114

AUF DEM TITEL

Turin: lebendiges Treiben auf Italiens größtem Markt S. 92
Hoch zu Ross um Turin S. 109

ENTDECKEN SIE DAS PIEMONT!

Unsere Top 15 führen Sie an die traumhaftesten Orte und zu den spannendsten Sehenswürdigkeiten

Die Highlights sind in der Karte auf dem hinteren Umschlag eingetragen

1 Palio di Asti
Die Pferde sind ungesattelt und allerlei Fouls erlaubt. So liebt es das Publikum! (Seite 23)

2 Borromäische Inseln
Das Zusammenspiel von barocker Baukunst, wogendem See und den Alpengipfeln als Hintergrund (Seite 33)

3 Cannobio
Einen ersten Vorgeschmack auf den Süden gibts in dem romantischen Städtchen am Lago Maggiore (Seite 34)

4 Al Sorriso
Die allerbeste Küche Piemonts wird in einem winzigen Dorf zubereitet – von einer Köchin, die sich alles selbst beigebracht hat (Seite 38)

5 Oropa
Eine der ältesten Marienwallfahrten Europas: Zur „Schwarzen Madonna" pilgern alljährlich Tausende von Gläubigen (Seite 44)

6 Saluzzo
Stille, steile Gassen, alte, ehrwürdige Palazzi und kaum Autos – die Altstadt von Saluzzo hat sich viel von ihrem mittelalterlichen Charme bewahrt (Seite 55)

7 Manta
Die gotischen Fresken im Schloss Manta stellen das höfische Leben des 15. Jhs. dar und sind nicht nur aus kunstgeschichtlicher Sicht bedeutend, sondern auch sehr komisch (Seite 58)

> DIE BESTEN MARCO POLO HIGHLIGHTS

8 Sacra di San Michele
Tausend Jahre alt ist die Benediktinerabtei, die von einem Felsen 700 m über dem Susatal aus weithin sichtbar in den Himmel ragt (Seite 63)

9 Markt in Alba
Nicht nur zur Steinpilz- und Trüffelsaison ein genussvoller Pflichttermin für Schlemmer (Seite 71)

10 Abbazia di Santa Maria di Vezzolano
Das bedeutendste romanische Bauwerk Piemonts zwischen Wald und Weinbergen (Seite 77)

11 Museo Egizio
Turins Ägyptisches Museum ist das zweitwichtigste der Welt (Seite 88)

12 Markt der Porta Palazzo
Atmosphäre schnuppern auf dem größten Markt Italiens: schreiende Händler, Kisten schleppende Marokkaner und rempelnde kalabrische Witwen (Seite 92)

13 Superga
Traumsicht über ganz Turin bis hin zu den schneebedeckten Viertausendern der Westalpen (Seite 96)

14 Venaria Reale
Nur Versailles ist schöner als das prächtige, barocke Jagdschloss Reggia di Venaria mit seinen neu angelegten Gärten (Seite 97)

15 Grande Traversata delle Alpi
Grandios: ein 1000 km langer Fernwanderweg durch die Alpen (Seite 108)

WAS FÜR EINE REGION!

Blick auf Barolo

AUFTAKT

Das Piemont hat alles zu bieten, was das Urlauberherz begehrt: hochalpine Bergketten, die das Land majestätisch umstehen, und liebliche Hügelwelten, in denen weltberühmte Weine und eine entspannte Lebensart zu Hause sind. Mittendrin die barocke Millionenstadt Turin, die sich gerade von der arbeitsamen Fiat-Town zur modernen Kunstmetropole häutet – auch für Besucher eine spannende Angelegenheit. Und im Norden an der Grenze zur Schweiz lockt der Lago Maggiore mit Sonnenschein und Badestränden. Palmen, Oleander und Zitronenbäume verbreiten schönste mediterrane Stimmung.

> Goethe war vermutlich nicht der erste Italienreisende, der das Piemont links liegen ließ; in jedem Fall war er nicht der letzte. Bis vor wenigen Jahren schäumte der Strom der Touristen an dieser großen italienischen Region mit geradezu beleidigender Unbeirrbarkeit vorbei. Einer der Gründe dafür war sicher, dass das Piemont abseits der großen Einfallstraßen nach Italien liegt. „En passant", auf dem Weg an den Adriastrand oder nach Florenz, kommt man hier nicht vorbei. Man muss sich schon eigens hinbemühen in diesen nordwestlichen Winkel Italiens. Doch es lohnt sich.

Am besten fährt man mit dem Auto oder dem Zug von Mailand aus hin, denn dann bekommt man – an klaren Tagen wenigstens – gleich den besten Eindruck davon, was der Name Piemont bedeutet: *pedes montium,* das zu Füßen der Berge gelegene Land. Die Reise geht durch die flache Poebene, Reisfelder und einsame Vierkanthöfe prägen die Szenerie. Doch dann rückt, fast wie eine Fata Morgana, ein gewaltiges Gebirge ins Bild. Es ist der Monte Rosa, das zweithöchste Bergmassiv Europas, das mit seinen vergletscherten Ostwänden die piemontesische Ebene dominiert. Im Westen bauen sich derweil schon die Cottischen Alpen auf, die Italien von Frankreich trennen und deren markanteste Spitze, der gleichschenklige Monviso, wie der Gipfel aus dem Paramount-Logo wirkt. Liebhaber eindrucksvoller Landschaften bekommen hier wahrscheinlich schon Herzrasen – dabei ist das erst der Anfang.

> Der Monte Rosa: das zweithöchste Bergmassiv Europas

Denn die Berge bilden ja nur den Rahmen für ebenso stimmungsvolle Inhalte: für das endlose, rebenbewachsene Hügelmeer im Monferrato und in den Langhe, die man das

Barolo, Barbaresco, Gattinara: Piemontesischen Trauben steht eine große Karriere bevor

„Meer der 1000 Hügel" genannt hat. Nichts als Kuppen und Täler, bunt getupft mit Weinbergen und Wiesen und mittelalterlichen Dörfern. Dann die sanfte Voralpenlandschaft um Ivrea und Biella und die weite, platte Poebene davor. Auch der Po, der längste Fluss Italiens, ist ein Kind der piemontesischen Berge. Er entspringt unterhalb des Monviso, fließt durch Turin und biegt dann ostwärts in Richtung Lombardei ab. Schließlich die von mediterranem Flair umwehten Seen im Nordosten, Lago d'Orta und Lago Maggiore, wo Palmen rascheln und je nach Saison sogar die Zitronen blühen.

Doch das Piemont ist nicht nur ein schönes, es ist auch ein gewichtiges Stück Italien. Mit rund 4,5 Mio. Ew. und gut 25 000 km² ist es nach Sizilien die zweitgrößte Region des Landes – und eines seiner wirtschaftlichen Filetstücke. Hier wird hart gearbeitet und ordentlich produziert – sei es bei Olivetti in Ivrea, bei Ferrero in Alba oder in den Textilfabriken rund um Biella. Die traditionsreichsten Unternehmerfamilien Italiens sind alle reinsten piemontesischen Blutes. Und Turin, die Kapitale Piemonts, ist mit seinen rund 900 000 Ew. die viertgrößte Stadt Italiens.

Die Automobilfabrik FIAT, die Giovanni Agnelli dort 1899 gründete, ist trotz der Schwierigkeiten der letzten Jahre immer noch der bedeutendste Industriekonzern Italiens. Im Unterschied zu anderen italienischen Regionen haben sich die Piemontesen

> Turin flirtet nicht, biedert sich niemandem an

immer stark über ihre Wirtschaft definiert; Kultur oder gar Tourismus liefen eher nebenbei mit. Doch das hat sich in den letzten Jahren spürbar geändert – nun strömen nicht mehr nur Produzenten von Autozubehör, sondern auch jede Menge Gourmets und Kletterer, Skifahrer und Wanderfreunde, Kunstliebhaber und Weinkenner ins Land am Fuß der Berge. Es gibt ja so viel zu tun und sehen!

Gut lässt sich der Wandel an der Hauptstadt Turin beobachten, die nach langem Dornröschenschlaf zu neuem Leben erwacht ist. Die Fastmillionenstadt am Po hat, obwohl sie von 1861 bis 1865 dem frisch gegründeten Königreich Italien als erste Hauptstadt diente, stets einen etwas ruhigeren, unauffälligeren Lebenswandel gepflegt. Man arbeitete bei Fiat und ging früh schlafen. Noch

WAS WAR WANN?

Geschichtstabelle

218 v. Chr. Karthagerfürst Hannibal zieht durchs Piemont

25 n. Chr. Die Soldaten des römischen Kaisers Augustus gründen Turin, Asti, Susa und Ivrea als Militärsiedlungen

951 Die Staufer unter König Otto I. unterwerfen Oberitalien

1033 Die französische Grafschaft Savoyen erwirbt durch Heirat die Markgrafschaft Turin dazu

1560 Die Savoyer verlegen ihre Hauptstadt von Chambéry nach Turin

1718 Als Anerkennung für ihre Leistungen im Spanischen Erbfolgekrieg erhalten die Savoyer die Königswürde zugesprochen

1802 Napoleon besetzt das Piemont – für zwölf Jahre

1850 Das Piemont mit seinem König Vittorio Emanuele II und Außenminister Camillo Cavour wird zum Wegbereiter der italienischen Einigung

1861 In Turin wird das Königreich Italien ausgerufen. Turin ist für vier Jahre Hauptstadt Italiens

1899 Giovanni Agnelli gründet die „Fabbrica Italiana Automobili Torino" (Fiat)

1946 Nach dem Volksentscheid für die Republik als Staatsform geht die savoyische Königsfamilie ins Schweizer Exil

1994 Die schlimmsten Überschwemmungen seit 80 Jahren verwüsten Teile der Provinzen Asti, Alessandria und Cuneo

2006 Olympische Winterspiele in Turin und den umliegenden Wintersportorten der piemontesischen Alpen

immer wirkt Turin auf den ersten Blick ernsthaft und introvertiert, ganz wie man es dem piemontesischen Charakter nachsagt. Das Stadtbild prägen rechtwinklige, wie mit dem Lineal gezogene Straßenzüge, ockerfarbene Bürgerpaläste, lange Kastanien- und Platanenalleen. Wer zum ersten Mal durch Turin schlendert, fühlt sich meist eher an Paris erinnert als an Rom oder Florenz. Zufall ist das nicht: Es waren die aus Frankreich über die Alpen gekommenen Savoyerfürsten, die Turin im 16. Jh. zu ihrer Residenzstadt machten und entsprechend aufputzten – im ihnen vertrauten französischen Stil.

Turin beschert deshalb ein ganz anderes Italienerlebnis. Es flirrt nicht und flirtet nicht und biedert sich niemandem an. Wer die Stadt begreifen will, muss durch die kilometerlangen Arkaden und über die weiten Plätze spazieren, muss den zurückgenommenen Barock der Kirchen und Paläste auf sich wirken lassen, muss in einem der mit Stuck und Spiegeln verzierten alten Kaffeehäuser gesessen haben, wo man stundenlang über seinem Cappuccino Zeitung lesen darf. Dann spätestens werden ihn die elegante Schönheit und der disziplinierte Geist der Stadt erobert haben und so schnell nicht mehr loslassen.

Doch das ist noch nicht alles. Seit ein paar Jahren weht ein spürbar frischer, junger Wind durch die barocken Straßen. Wo früher noch um 22 Uhr die Bürgersteige hochgeklappt wurden, drängen sich heute Straßencafés und Ethnorestaurants; in Hinterhöfen und ehemaligen Fabrikhallen finden

Kunstausstellungen und andere Happenings statt, und wenn nicht gerade Olympische Winterspiele sind, dann macht Turin als Weltdesignhauptstadt (2008) oder Austragungsort der „World Air Games“ (2009) auf sich aufmerksam. Spannend finden das nicht nur Reisende aus dem Ausland, sondern sogar die Italiener selbst, die lange ein eher distanziertes Verhältnis zum Piemont und seiner Hauptstadt gepflegt hatten. Das ist längst passé. Heute steuern auch Römer und Süditaliener gern das Piemont an – nicht mehr, um bei Fiat zu arbeiten, sondern um das Land zu genießen. Die Region ist das wohl größte Feinschmeckerparadies Italiens. Man muss nur einmal riechen: Da ist der durchdringende Duft weißer Trüffeln, die im Herbst in den Eichenwäldern des Monferrato heranreifen; das elegante Bouquet von Rotweinen, die nirgendwo im Land von solcher Qualität gekeltert werden wie hier; das kräftige Aroma eines Castelmagnokäses; die feine Süße köstlicher Schokoladen. Es ist kein Wunder, dass die Slow-Food-Bewegung, die den bewussten Genuss lokaler Spezialitäten in den Vordergrund stellt, gerade hier geboren wurde. Es hat eben nur ein bisschen gedauert, bis sich das alles herumgesprochen hat – Goethe war einfach ein bisschen zu früh dran.

„Bleistiftspitze“, „voll gefressene Giraffe“: Die Turiner pflegen keine allzu innige Liebe zu ihrem Wahrzeichen, der Mole Antonelliana

> ***Rotwein, Käse, Trüffeln und Schokolade: ein Genießerparadies***

TREND GUIDE PIEMONT

Die heißesten Entdeckungen und Hotspots! Unser Szene-Scout zeigt Ihnen, was angesagt ist

Elke Weiler

Unser Szene-Scout hat ihre Leidenschaft Reisen zum Beruf gemacht. Als freie Reisejournalistin jettet sie um die Welt, immer auf der Suche nach spannenden Geschichten, neuen Trends und abgefahrenen Insidertipps. Italien ist Elke Weilers Lieblingsland, sooft es geht, fährt sie dorthin. Neben der Emilia-Romagna hat es ihr vor allem das Piemont angetan. Dort genießt sie das Dolce Vita.

DIE NATUR RUFT

Optimal orientiert

Die Berge des Piemonts bilden ein ideales Szenario für Orienteering – eine Art sportive Schnitzeljagd in der freien Natur. Da ziehen die Fans mit topografischer Karte und Kompass los, um auf unbekanntem Terrain vorgegebene Punkte zu finden. Querfeldein, mitten durch den Wald – laufend, wandernd, radelnd oder sogar auf Langlaufskiern. *FISO Piemonte*, die *Federazione Italiana Sport Orientamento (Via Galimberi 6 a, Rivoli, www.fisopiemonte.it)*, gilt als nationale Instanz des neuen Sports. Ansprechpartnerin Carla Balma kennt sich aus und gibt Tipps. In der schönen Umgebung von Cuneo bietet Massimo Civalleri von *Orizzonte Outdoor (Via Roma 40, Peveragno, www.orizzonteoutdoor.com,* Foto*)* Orientierungstrips an. In Turin organisiert der Sportverein *CUS Torino (Via Paolo Braccini 1, www.custorino.it)* Orienteering-Touren.

NOSTALGIE-CHIC

Auf der Vintage-Welle

Lässiger Nostalgie-Look erobert das Piemont – egal ob in puncto Design oder Gastronomie. Shoppingrausch bei *Kristina Ti (Shop: Via Maria Vittoria 18 g, Turin, www.kristinati.it):* Hier kommen vor allem Fans des Bohemian Chic auf ihre Kosten. Blumenprints, Minikleider und Dessous aus den Fifties verführen zum Kaufen. Auf einen stilechten Drink treffen sich Vintage-Fans in der angesagten Bar *La Drogheria (Piazza Vittorio Veneto 18, Turin, www.la-drogheria.it,* Foto*)*. Die Räume erinnern tatsächlich noch an die Drogerie, die in den Fünfzigerjahren dort untergebracht war. Wer auf Glamour steht, macht einen Abstecher in die *Boutique Damiani (Via Lagrange 40, www.damiani.it),* wo Schmuckstücke im Vintage-Style aus jeder Frau eine Diva machen. Nicht umsonst hielt auch Sophia Loren ihr Gesicht auf Werbeplakaten dafür her.

VIVA L'ARTE

Kunst-Frischlinge

Das Piemont gilt als Wiege der Kreativitität und will dieses Potenzial nicht ungenutzt lassen. So fördern mittlerweile zahlreiche Organisationen und Galerien junge Nachwuchskünstler. Die heißesten Empfehlungen in Sachen Kunst-Shootingstars gibts alljährlich bei den *Nuovi Arrivi* der *Accademia Albertina delle Belle Arti (Via Accademia Albertina 6, www.accademialbertina.torino.it)*. Weitere Plattform für neue Talente ist die *Torino Triennale (www.torinotriennale.it)*, die über Turin verteilt in verschiedenen Locations stattfindet. Das ganze Jahr über können sich Kunstinteressierte in der Galerie *Artenero (Via Fratelli Piol 9, Rivoli)* von den Arbeiten der Newcomer überzeugen. Zu den bedeutendsten Talenten gehören u. a. der Bildhauer Massimiliano Apicella, der mit lebensgroßen Tonfiguren und Marmorskulpturen beeindruckt, die Spezialistin für Installationen Ludovica Carbotta und der Maler Rocco d'Emilio, der in seinen comicähnlichen Werken Realität und Phantasie vermischt.

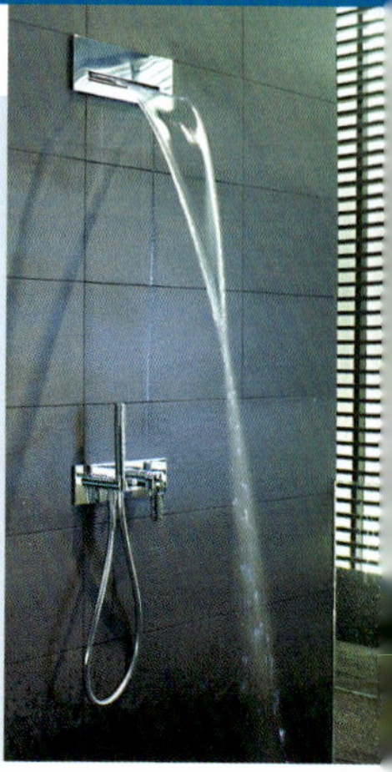

DESIGN-HIGHLIGHTS

Made in Turin

Gerade erst war Turin für ein Jahr Design-Hauptstadt – und das nicht ohne Grund, denn die Designfirmen aus dem Piemont verschönern alle Lebensbereiche. Wasserfall-Feeling im eigenen Bad? Schöner Duschen ist mit *Fratelli Fantini (Via Buonarroti 4, Pella, www.fantini.it,* Foto*)* möglich. Für Leuchten, Vasen und Möbel – schlicht-elegant bis organisch geformt – ist *Serralunga (Via Serralunga 9, www.serralunga.com)* in Biella zuständig. Outdoor-Aktivitäten werden im Piemont großgeschrieben. Stylish ausgerüstet sind Bergfexe mit *Ferrino (Corso Lombardia 73, San Mauro Torinese, www.ferrino.it).*

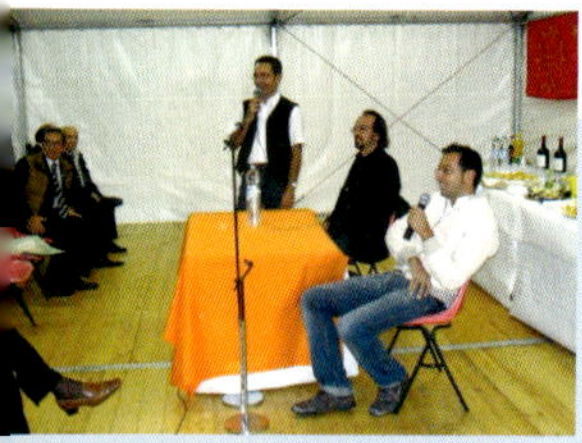

LESEMANIE

Der literarische Aperitif

Neuerdings werden zum Aperitif nicht nur Snacks serviert, sondern auch Literaturhäppchen. In Cafés, Buchhandlungen und bei Kulturverbänden lesen Autoren zur Aperitifstunde aus ihren Werken. Aktuelle Events erfragen Interessierte im *Torino Call Center (Tel. 011 53 51 81).* Beliebt ist der „Aperitivo letterario" im *Café Liber (Corso Vercelli 2, Turin, www.cafeliber.it),* einem Treffpunkt der Künstler, Studis und Kinofreaks. Im Rahmen des Bücherfestivals *I Libri Illuminano* in Biella finden die *Aperitivi Illuminanti (www.comune.biella.it)* statt. Bücherfreunden wird dabei während des Drinks Literatur nähergebracht. Poesietreffs um 19 Uhr bietet auch die *Associazione Monginevro (Via Monginevro 83, Turin, www.viamonginevro.it,* Foto*).*

ABHOTTEN

Elektronisch aufgeladen ...

... ist das Piemont nicht nur am Abend, sondern den ganzen Tag über. Die bekannteste Band der Szene heißt *Subsonica (www.subsonica.it)* und zeigt sich des Öfteren auf den Bühnen Turins. Aber auch *Motel Connection (www.myspace.com/motelconnection)* gehören zur ersten E-Garde. Coole Electrochic-Nächte locken Fans in den Club *Rock City (Corso Dante 19, Turin, www.rockcitydisco.com).* Electroclash vom Feinsten gibt es in der Disko *Pier 7-9-11 (Turin, Tel. 335 24 11 26)* an den Murazzi del Po.

GUT GECREMT

Schokoladen-Wellness

Turin ist Chocolate City, das beweisen die vielen Produzenten, kleinen Geschäfte und die Espressovariante *bicerin* mit hohem Schokoanteil. Aber Schokolade tut auch von außen gut – Kakaobutter z. B. macht die Haut geschmeidig. Einen zweitägigen Schokorausch verspricht das Paket „Dolce Attesa" im Kurhotel *Acqui (Corso Bagni 46, Acqui Terme, www.hotelacqui.it)*. Auch im Kampf gegen Cellulitis hilft die süße Versuchung: mit einer Schokobehandlung im *Centro Benessere Estetica Graziella (Via San Quintino 9, Turin, www.esteticagraziella.it)*. Das Designhotel *Valgrande* im gleichnamigen Nationalpark lockt mit dem Paket „Früchte und Schokolade" *(Via Nazionale Dresio 241, Vogogna, www.valgrandehotel.it)*.

INDUSTRIELLE ARCHÄOLOGIE

Architektur neu aufgelegt

Der *Filatoio Rosso (Via Matteotti 44, Caraglio, www.cesac-caraglio.com)* in Caraglio, eine in den Jahren 1676 bis 1678 errichtete Spinnerei, bildet ein außergewöhnliches Beispiel von Industriearchitektur des 17. Jhs. Vollständig restauriert, beherbergt er heute das Seidenmuseum *Museo Regionale della Seta* sowie Ausstellungen zeitgenössischer Kunst. Noch mehr Kunst: Zeitgenössische Ausstellungen machen das ehemalige Gefängnis *Ex-Carcere Le Nuove (Corso Vittorio Emanuele 127)* von 1870 heute zum ungewöhnlichsten Musentempel von Turin. In den städtischen Eisenbahndepots von 1912 tobt der Bär. Die sogenannten *Docks Dora (Via Valprato 68, Turin)* gelten mit zahlreichen Studios, Cafés und Diskos als Hotspot der Szenegänger und Kreativen. Basta mit Pasta: Die ehemalige Nudelfabrik in der eleganten architektonischen Hülle von 1908 verwandelte sich in ein avantgardistisches Hotel *(Via Bisalta 11, Turin, www.ac-hotels.com,* Foto*)*.

> BAROCK UND BAROLO, REIS UND RISORGIMENTO

Und immer wieder Nebel: alles, was im Piemont Land und Leute prägt

BAROCK

Bewegte Linien, geschwungene Formen und reiche Ornamentik zeichnen den Barock als Baustil des 16. und 17. Jhs. aus. Dieser Baustil hat im Piemont einen besonders fruchtbaren Nährboden gefunden und dort auch ganz spezifische Eigenarten entwickelt. Ein Dankeschön dafür an die Herzöge von Savoyen! Denn die verlegten Mitte des 16. Jhs. ihre Residenz von Chambéry nach Turin und sparten nicht, als es darum ging, die neue Hauptstadt standesgemäß und im neuen Stil herauszuputzen. Als im 18. Jh. das Piemont dann Königreich wurde, verbreitete sich der Barock in die Provinz und eroberte Städte wie Asti, Alba, Casale und Cuneo. Aber auch in nahezu jedem Dorf des Monferrato prangt unübersehbar eine Barockkirche, wobei anzumerken ist, dass sich der piemontesische Barock

Bild: Paradieskapelle im Sacro Monte di Serralunga di Crea

STICH WORTE

– dem Charakter der Einheimischen entsprechend – durch wohltuende Disziplin auszeichnet. Statt Trompete blasender Putten fallen die dunklen, unverputzten Backsteinfassaden auf. Keine Sparmaßnahme, sondern ein Stilmittel, das den bewegten Linien des Barock eine gewisse Geschlossenheit verleiht und allzu Ausuferndes bändigt. Baumeister, die man sich im Zusammenhang mit dem barocken Piemont merken sollte, sind Carlo und Amedeo Castellamonte, Guarino Guarini, Filippo Juvarra und Benedetto Alfieri.

BAROLO

Bis ins späte 20. Jh. beurteilten Weinexperten den Barolo reserviert bis ablehnend: zu schwer, zu schwierig, zu anspruchsvoll. Eine internationale Karriere mochte dem tanninreichen Roten aus dem südöstlichen Piemont keiner zutrauen. Inzwischen gilt der Barolo vielen als die absolute Nummer eins unter den italienischen Weinen. Was ist geschehen? Junge Winzer, überzeugt vom Potenzial dieses aus der Nebbiolotraube gewonnenen Weins, haben sich von der ausländischen Konkurrenz inspirieren lassen und arbeiten nun nach neuen Prinzipien: niedrig gehaltene Erträge, kürzere Gärzeiten und kleine Holzfässer für das Heranreifen des Weins. Mit erstaunlichem Ergebnis: Die Barolo verloren ihre Härte, wurden elegant und rund und avancierten schnell zum – nicht eben preiswerten – Modetropfen in den feinen Restaurants der ganzen Welt. Im Piemont aber, besser noch direkt in seiner Heimat, den elf Winzergemeinden rund um das 600-Ew.-Dorf Barolo bei Alba, schmeckt der gehaltvolle „Königswein" nach wie vor am besten.

NEBEL

Im Oktober geht es los: Wo man sich in anderen voralpinen Regionen glänzender Fernsicht erfreut, legt sich im Piemont dichter Nebel über Stadt und Land. Schuld ist die Poebene, dieses gewaltige Feuchtgebiet mit seinen Kanälen und Bewässerungsgräben, aus denen bei sinkenden Temperaturen die gefürchteten Schwaden aufsteigen. Oft ist der Nebel so stark, dass der Straßenverkehr erheblich beeinträchtigt ist. Der Nebel hat aber auch seine positiven Seiten: Er verhilft, so heißt es, dem Wein zu besonderem Wohlgeschmack. Und er prägt das mystische Landschaftsbild des Monferrato. Außerdem dauern Nebelperioden selten länger als ein paar Tage. Dann herrscht wieder Sonnenschein – und klare Sicht bis zu den Gipfelketten der Westalpen.

> BLOGS & PODCASTS

Gute Tagebücher und Files im Internet

- *http://italianfolkmusic.blogspot.com/search/label/Piedmont* – Blog, der eine Vielzahl piemontesischer Folkmusikgruppen vorstellt – leider nur auf Englisch
- *www.grmsit.com/grandtour/demo/de/index.htm* – sehr hübscher Promotionfilm des Tourismusamts, in dem der amerikanische Publizist Alexander Stille durch Turin führt. Ideal zur Einstimmung
- *www.lago-maggiore-urlaub.de/blog/category/regionen/piemont* – Eine deutsche Ferienhausvermieterin mit Wohnsitz im Piemont bringt Wissenswertes und Aktuelles rund um den Lago Maggiore
- *www.westalpen.wordpress.com* – gut gemachter Blog zweier Deutscher mit interessanten Tipps rund ums Wandern in den Westalpen
- *www.viva-vino.de/biowein_blog/index.php?/plugin/tag/piemont* – Kenntnisreich und lebhaft schreibt der Betreiber eines Bioweinversands von piemontesischen Winzern und ihren besten Tropfen. Gute Einkaufstipps!

Klimamaschine Poebene: Der Nebel gibt den Weinen Kraft

REIS

Fruchtbar war die Poebene immer schon, und als die Zisterziensermönche im Mittelalter die ersten Reispflänzchen setzten, wurde ihr Pioniergeist mit reicher Ernte belohnt. Dass die Ebene um Vercelli und Novara mittlerweile als größtes Reisanbaugebiet Europas bezeichnet werden kann, bedurfte technischer Nachhilfe: Ein ausgeklügeltes Bewässerungssystem lenkt die Wassermassen der Gebirgsflüsse Sesia und Dora Baltea in ungezählte kleine Kanäle. Diese überfluten gezielt die rechteckigen, zwischen Erdwällen angelegten Reisfelder. Im Frühjahr werden die Reiskörner ausgesät, und etwa bis Juni stehen die Felder unter Wasser. Das Bild, das die Ebene dann bietet, ist einmalig: unendlich sich wiederholende Wasserkarrees, auf denen zartes Grün zu schwimmen scheint. *Mare Padania* nennen die Einheimischen diese Erscheinung, das Meer der Poebene. Doch so stimmungsvoll sich die Reisfelder ausnehmen – die Arbeit darin war bis in die Mitte des 20. Jhs. eine brutale Plackerei. Der Film „Bitterer Reis", gedreht 1949 mit Silvana Mangano, erzählt das harte Leben der *mondine,* der Arbeiterinnen, die bis zu den Knien im Wasser im Akkord Unkraut ausrissen. Inzwischen werden Traktoren und Herbizide eingesetzt.

RISORGIMENTO UND LEGA NORD

Das *Risorgimento,* die Entstehung eines italienischen Nationalstaats, wäre ohne das Piemont kaum möglich gewesen. König Vittorio Emanuele II warf 1859 im Verein mit Napoleon III. die Österreicher aus der Lombardei; sein Außenminister Graf Camillo Benso di Cavour schloss die Toskana und die Emilia an, und Freischärler Giuseppe Garibaldi holte Sizilien und Neapel dazu – in eigener Regie, wie es nach außen hin scheinen mochte (und sollte), in Wahrheit aber doch geschickt gelenkt von der piemontesischen Regierung. So wundert es nicht, dass die erste Hauptstadt des 1861 ausgerufenen Königreichs Italien Turin wurde. Zum Leidwesen der Turiner blieb der Stadt diese Ehre jedoch nur vier Jahre vergönnt. Dann zogen Parlament und Verwaltung über Florenz nach Rom weiter. Allerdings hat die Begeisterung der Piemontesen für „ihr" *Risorgimento* sowieso stark nachgelassen. Das Gefühl der Unvereinbarkeit ihrer Kultur mit der des Südens sowie der Verdacht, ihre hart erarbeiteten Steuergelder würden nur den mafiosen und faulen *meridionali,* den Süditalienern, in den Rachen geworfen (natürlich ohne sichtbare Ergebnisse), haben auch im Piemont zahlreiche *leghisti* hervorgebracht. So heißen die Anhänger der von Umberto Bossi 1982 gegründeten Lega Nord, die die Abspaltung Norditaliens („Padania") vom Rest der Republik fordert. Doch

Ich möcht so gern an Trüffeln schnüffeln: Ein *trifolau* hat einen Schatz gehoben

so laut in Norditalien auch über die beschwerliche Last des Südens gejammert wird: Eine weniger radikale Lösung als die von Bossi proklamierte – etwa ein Föderalstaat mit mehr Rechten und Kompetenzen der Regionen und Provinzen – wäre den meisten Piemontesen denn doch sympathischer.

SACRI MONTI

Nach dem Trienter Konzil 1564 kam Bewegung in die katholische Kirche. Dem wachsenden Einfluss der Protestanten wollte man nicht länger tatenlos zusehen. Als besonders erfinderisch in Sachen Gegenreformation zeigte sich der Mailänder Erzbischof Carlo Borromeo. Er ließ vier *Sacri Monti* („heilige Berge") errichten, Wallfahrtsstätten im Gebirge mit Dutzenden Kapellen, in denen auf volkstümliche und leicht fassbare Weise jene Eckpfeiler katholischer Dogmatik dargestellt wurden, die die ketzerischen Protestanten so energisch bekämpften: Marienkult und Heiligenverehrung. Lebensgroße Figuren, vor freskiertem Hintergrund zu theatralischen Szenen zusammengestellt, sollten den Betrachter von der Wahrhaftigkeit des katholischen Glaubens überzeugen.

SAVOYER

Das Geschlecht, das 1861 den ersten italienischen König stellte, stammt aus der in den französischen Alpen gelegenen Grafschaft Savoyen. 1563 machten sie Turin zu ihrer neuen Hauptstadt. Die ehrgeizigen Herzöge wollten den provinziellen Charakter ihrer Dynastie vergessen lassen und errichteten glanzvolle Prunkbauten und Schlösser in und um Turin. Doch die Savoyer, erzkatholisch und absolutistisch bis ins Mark, regierten ihr Land mit harter Knute. Wenn sie nicht im Krieg mit anderen Fürstenhäusern lagen, so stritten sie sich untereinander. Nur wenige Savoyer gingen als positive Figuren in die Geschichte ein. 1946, nachdem sich die Italiener für die Republik entschieden hatten, wurden die Savoyer des Landes verwiesen und gingen ins Exil in die Schweiz. Erst ein Parlamentsbeschluss von 2003 öffnete ihnen wieder die Landesgrenzen.

TRÜFFELN

„Tuber magnatum" heißt sie botanisch korrekt, doch Fans und Feinschmecker nennen sie liebevoll die weiße Albatrüffel. Die Rede ist von Piemonts wertvollstem Agrargut, einem stark duftenden Knollenpilz, dessen Wert (je nach Ernte zwischen 3000 und 5000 Euro pro Kilo) vor allem in seiner Seltenheit begründet ist. Er gedeiht nur in den Hügeln der Langhe. Er wächst im Erdreich versteckt in Symbiose mit den Wurzeln der Eiche, der Linde, der Pappel oder auch der Weide, und entsprechend schwer ist er zu finden. Trüffelzeit ist ab Oktober bis in den späten Winter. Oft schon nachts ziehen die *trifolau* mit ihren eigens abgerichteten Hunden los, die kostbare Ernte einzubringen. Dann erfüllt der intensive Duft des *tartufo bianco* wochenlang die Restaurants und Trattorien des Piemont. Hauchdünn wird er über frische *tajarin* gehobelt oder über ein Spiegelei, einfache Gerichte, denen damit zu höchstem Wohlgeschmack verholfen wird. Zum Glück genügen wenige Gramm!

KULTUR UND KURIOSES

Orangenschlacht und Eselrennen – und natürlich Wein- und Trüffelmessen: Auch beim Feiern geht es kulinarisch zu

OFFIZIELLE FEIERTAGE

1. Jan. *(Capodanno);* **6. Jan.** *(Epifania);* **Ostersonntag und -montag** *(Pasqua und Pasquetta);* **25. April** Tag der Befreiung *(Liberazione);* **1. Mai** *(Festa del Lavoro);* **15. Aug.** *(Ferragosto);* **1. Nov.** *(Ognissanti);* **8. Dez.** *(Immacolata Concezione);* **25. Dez.** *(Natale);* **26. Dez.** *(Santo Stefano)*

REGIONALE FESTE

Februar/März

Eine in ganz Italien bekannte Karnevalsgaudi ist der historische ★ *Karneval* von Ivrea. Höhepunkt ist die traditionelle Orangenschlacht am Sonntag, Montag und Dienstag. Für Besucher empfehlen sich Plätze in den hinteren Reihen ...

Mai

Mit dem historischen Pferderennen *Cavalcata Aleramica* gedenkt Acqui Terme des wilden Ritts seines legendären Markgrafen Aleramo.

Cuorgnè im Norden von Turin feiert Mitte Mai seinen König Arduin mit *Ritterspielen* und fröhlichen Zechgelagen in den alten Arkadengängen.

Juni

Im Sommer verwandelt sich das Piemont in eine klingende Musikwelt. Den Anfang macht das *Festival Cusiano di Musica Antica* in Orta San Giulio mit Konzerten am Seeufer. Insider Tipp

Juli

Den ganzen Monat über ist das mittelalterliche Städtchen Vignale Monferrato zwischen Asti und Casale Bühne für die *Vignaledanza,* die Festwochen des zeitgenössischen Balletts. Auch auf dem Marktplatz wird getanzt!

Juli–September

Bei den *Settimane Musicali di Stresa* zwischen Ende Juli und Mitte September wird in Stresa und in den Gärten und im Palast der Isola Bella auf dem Lago Maggiore klassisch musiziert.

>EVENTS FESTE & MEHR

September

Der Monat gehört Asti: am Monatsanfang zunächst mit der *Douja d'Or,* einer großen Weinmesse, auf der die besten italienischen Gewächse probiert und prämiert werden.

Am dritten Sonntag im September ist dann der berühmte ★ *Palio di Asti.* 14 Stadtviertel treten zu einem Wettrennen auf ungesattelten Pferden gegeneinander an und vergessen dabei alle Regeln der Fairness.

Oktober

Mit einem sehr komischen, weil auf störrischen Eseln ausgetragenen Palio, dem *Palio degli Asini,* rächen sich die Bewohner Albas am ersten Sonntag des Monats auf ironische Art an Asti, ihrem ehemaligen Besatzer.

Insider Tipp

Im Oktober beginnt in den Langhe und im Roero die Trüffelzeit; jede Menge Feste drehen sich dann um die sogenannte goldene Kartoffel.

Am wichtigsten ist die nationale Trüffelmesse im Oktoberdie *Fiera Nazionale del Tartufo* in Alba. *www.fieradeltartufo.org*

Um gutes Essen und Trinken allgemein geht es auf der von Slow Food organisierten Messe *Salone del Gusto,* die in geraden Jahren Ende Oktober im Turiner Lingotto stattfindet. *www.slowfood.it*

Dezember

Am zweiten oder dritten Donnerstag des Monats steigt in Carrù am Westrand der Langhe die *Fiera del Bue Grasso,* die große Mastochsenprämierung, die im Rahmen eines Viehmarkts stattfindet.

Insider Tipp

In Turin wird derweil die Weihnachtsbeleuchtung *Luci d'Artista* angeknipst: Bis Mitte Januar schimmern Lichtinstallationen internationaler Künstler an Straßen, Plätzen und Fassaden. *www.comune.torino.it/artecultura/luciartista*

> UND OBENDRAUF GIBTS TRÜFFELN!

Slow Food heißt die Devise im Land der duftenden Knollen und großen Weine

> Zum Pizzaessen kann man natürlich auch ins Piemont fahren; zumindest in Turin wird man der vielen *immigrati* aus Neapel wegen ein paar ganz gute Adressen finden.

Eigentlich aber steht das Piemont für das genaue Gegenteil der Pizzakultur, des Fast Food all'italiana: für gemächliches Schlemmen. Was soll man denn angesichts von weißen Trüffeln und Steinpilzen, frischen Beeren und köstlichen Haselnüssen, zartem piemontesischem Rindfleisch und ungeahnter Käsevielfalt auch anderes tun, als gut damit zu kochen?

Die piemontesische Küche ist gehaltvoll, bodenständig und bisweilen deftig, und man schmeckt die bäuerlichen und alpinen Grundlagen heraus. Vor allem aber ist sie eine Küche, die keine Hektik verträgt, weder in der Zubereitung noch beim Verzehr. Man muss sich Zeit nehmen, und das tun die Piemontesen, denn

ESSEN & TRINKEN

sie sind ihrem disziplinierten und kühlen Charakter zum Trotz große Genießer. Gutes Essen und Trinken ist immer ein Thema, und dass die „Slow-Food"-Bewegung, deren Ziel die Wiederbelebung der genussvollen Esskultur ist, 1986 ausgerechnet in Bra im Piemont gegründet wurde, ist bestimmt kein Zufall.

Um die echte piemontesische Küchenkultur kennenzulernen, begeben Sie sich am besten an einem Sonntagmittag in ein gutes, ländliches *ristorante* und nehmen dort in den folgenden drei Stunden das *pranzo* ein. Das sind zuerst einmal die *antipasti,* die Vorspeisen. Weniger als vier sind es nie; manchmal werden gar zehn und mehr serviert. Jede Vorspeise kommt einzeln auf den Tisch; den Anfang machen die kalten. Das kann gepfefferter *lardo* sein, fetter Speck, *carne cruda,* gehacktes, rohes Kalbfleisch, das mit etwas Zitrone und

Olivenöl gewürzt wird, gefolgt vielleicht von *peperoni con bagna caoda,* Paprikaschoten mit heißem Knoblauch-Sardellen-Öl. Unter den warmen *antipasti* berühmt sind die *caponèt,* gefüllte Zucchiniblüten.

Auch im Piemont ist der ganze Stolz einer Köchin ihre handgemachte Pasta, und so werden beim großen Sonntagsessen nach den *antipasti* oft gleich zwei *primi* gereicht. Doch nicht nur Pasta ist beliebt, sondern auch Risotto, schließlich ist in der Gegend um Vercelli der Reis zu Hause.

Piemontneulinge dürften in diesem Stadium der Mahlzeit bereits ermat-

> SPEZIALITÄTEN

Genießen Sie die typisch piemontesische Küche!

agnolotti – Ravioli, die entweder mit Braten gefüllt werden oder *al magro,* mit Kräutern und Ricotta (Foto)

bagna caoda – dickflüssige Sauce aus Sardellen, Knoblauch und Olivenöl. Man hält sie auf einem Rechaud heiß und taucht rohe und gekochte Gemüse hinein – Kartoffeln und Topinambur, Karotten und Fenchel, Zwiebeln und Paprikaschoten. Dazu muss der Barbera fließen! Die *bagna caoda* schmeckt am besten im Winter in geselliger Runde

bicerin – heißes Getränk aus Kaffee, Schokolade und Sahne

bollito misto – gemischtes Siedfleisch, das u. a. aus Stücken vom Rind, Huhn und Fleischbällchen besteht. Wird mit Kartoffelbrei und verschiedenen Saucen serviert

bônet – ein aus *amaretti* (Mandelmakronen) hergestellter Pudding

bugie – dünnes, trockenes Schmalzgebäck, das es nur in der Karnevalszeit gibt

castelmagno – König der piemontesischen Käsesorten: hart und würzig, bröselig und ein bisschen streng

cognà – marmeladenartige Sauce aus Weintrauben, Nüssen, Birnen und Quitten, zu *bollito misto* oder zu Käse

finanziera – aufwendiges, leider nur noch selten angebotenes Ragout aus Nierchen, Hirn, Bries, eingelegten Steinpilzen, Kalbshoden und Hahnenkämmen – ein Tipp für entdeckungsfreudige Esser

fonduta – warme Käsecreme aus Fontinakäse, Milch und Eiern

tajarin – frisch gemachte Bandnudeln. Pflichtbewusste Köchinnen verwenden bis zu 20 Eier auf ein Kilo Mehl! Am besten sind sie puristisch mit Butter und ein paar frisch gehobelten Trüffelspänen

tomini al verde – kleine, runde Frischkäse, die in Öl, Petersilie und Knoblauch eingelegt werden und als *antipasto* beliebt sind

zabaglione/zabaione – die aus Eigelb und Moscato gerührte, warme Weinschaumcreme ist in Turin geboren und hat Weltkarriere gemacht

tet das Besteck fallen lassen; Fortgeschrittene aber freuen sich auf den Hauptgang. Das ist oft *coniglio,* Kaninchen, mit Kräutern im würzigen Weißwein Arneis gegart, oder ein *brasato al barolo,* ein Rinderbraten, der stundenlang im edelsten Rotwein des Piemont geschmort wurde. Als Beilage gibt es traditionell Polenta, dicken Maisgrießbrei, und ein paar gedünstete Gemüse.

Zum Abschluss eines Mahls kommen Käseteller im Piemont nur selten vor – leider! Denn es gibt hervorragende Produkte; die meisten kommen aus der Provinz Cuneo. Der *toma* – wenn er sehr jung ist, *robiola* genannt – ist ein kleiner Käserundling aus Schafs- und Kuhmilch. Aus Pinerolo kommt der weiche, aromatische *seirass.* Ist noch Platz für ein *dolce?* Aus den Haselnüssen der Langhe werden herrliche Nusskuchen bereitet. Auch *pere al vino,* in Rotwein gedünstete Birnen, sollten Sie probieren.

Was über die hohe Esskultur der Region gesagt wurde, gilt nicht minder für die des Trinkens: Das Piemont zählt zu den besten Weinbaugebieten der Welt, liegt jedoch, was den Ertrag betrifft, selbst innerhalb Italiens auf den hinteren Rängen. Das rührt daher, dass hier fast nur Qualitätsweine gekeltert werden, allen voran *Barolo* und *Barbaresco,* die beiden Spitzenerzeugnisse der piemontesischen Weinberge. Beide werden aus der Nebbiolotraube gewonnen und sind schwere, anspruchsvolle Rotweine. Mit Sympathie betrachtet die Weinwelt inzwischen auch den *Barbera,* eine Rebsorte, die 50 Prozent der Anbauflächen bedeckt und lange Zeit unter ihrem billigen Supermarktimage litt. Mittlerweile gibt es aber eine Reihe sehr guter, intensiver DOC-Barbera, vor allem aus Alba, Asti und dem Monferrato. Der klassische piemontesische Tischwein ist der *Dolcetto:* Er ist trocken, dabei aber harmonisch und mild. *Ghemme* und *Gattinara* sind Nebbioloverschnitte und etwas unkomplizierter

Picknick *piemontese:* Käse, Wein, Grissini

als der Barolo, und auch der leichte *Grignolino* ist einen Versuch wert.

Größter Beliebtheit erfreuen sich süße Schaumweine, allen voran der *Moscato d'Asti* und der *Asti Spumante,* die zum Dessert getrunken werden. Keine Sorge: Was wir aus deutschen Supermarktregalen kennen, hat mit den in Piemont meistens angebotenen Qualitätssekten so gut wie nichts zu tun!

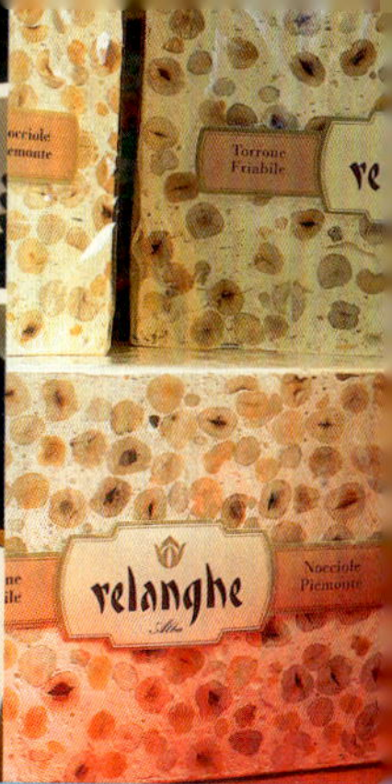

ERINNERUNGEN FÜR DEN GAUMEN

Stippvisite beim Weinbauern und Stopover bei Alessi: Gut beraten ist, wer mit leerem Kofferraum ins Piemont reist

> Es muss ja nicht gleich ein neuer Fiat sein – auch an handlicheren Erinnerungsstücken bietet das Piemont reiche Auswahl. Typisch für die Region sind natürlich kulinarische Souvenirs und Mitbringsel.

FABRIKVERKAUF

Alles, was den Namen Alessi trägt, ist auch ein typisch piemontesisches Souvenir. Denn in Crusinallo bei Omegna am Nordende des Lago d'Orta ist der Sitz der berühmten Fabrik für Küchenaccessoires. Auch andere Fabrikanten produzieren am Ortasee, Italiens wichtigstem Industriedistrikt für Haushaltswaren: Bialetti etwa, der die bekannten Espressomaschinchen aus Aluminium herstellt, und Lagostina, der Favorit für Kochtöpfe aller Art.

KULINARISCHES

Turin und Umgebung sind bekannt für *grissini,* diesen Inbegriff der italienischen Restaurantkultur. Die langen, fingerdünnen Brotstangen wurden einst für einen kränkelnden Savoyerprinz erfunden, der kein frisches Brot vertrug. Bis heute sind sie der Stolz piemontesischer Bäckereien. Verlangen Sie sie *rubatà,* also von Hand gerollt, und lassen sie in braunes Packpapier einwickeln. Achtung, zerbrechlich! Womöglich überstehen sie die Heimreise aber auch aus anderen Gründen nicht ... Das Piemont und vor allem Turin sind aber auch ein Dorado für süße Schleckermäuler. In der Hauptstadt kauft man die besten Pralinen Italiens ein oder aber köstliche *gianduiotti,* kleine Nougatstückchen, die auf der Zunge zergehen. Angesichts ihrer großen Beliebtheit kann man sich heute kaum noch vorstellen, dass sie einst aus der Not heraus erfunden wurden: Als Napoleon das Piemont besetzt hielt, wurde in Turin die für die Schokoladenherstellung benötigte Kakaobutter knapp. Die findigen *cioccolatieri* streckten die Zutat daher mit gemahlenen Haselnüssen – Nüsse gibt es im Piemont zum Glück reichlich. *Gianduiotti* finden sich in jedem Supermarkt; am besten aber schmecken die handgemachten Exem-

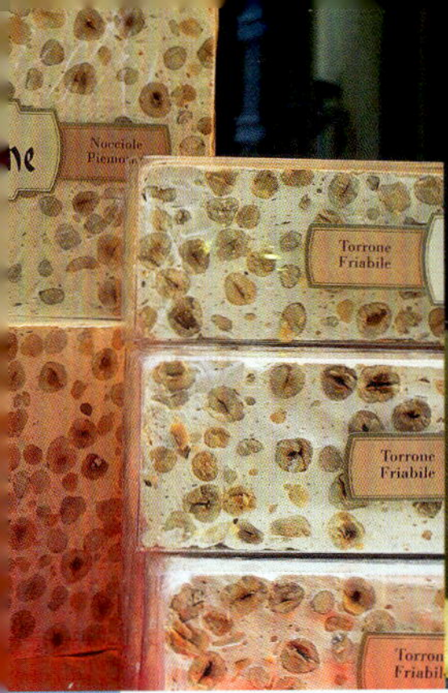

> EINKAUFEN

plare aus den Konditoreien im Turiner Zentrum. Aus dem südlichen Piemont kommt der *torrone,* ein echter Plombenzieher, der aus den knackigen piemontesischen Haselnüssen, Eiweiß, Zucker und Honig hergestellt wird.
Mit einer kleinen, weißen Albatrüffel schließlich, für den Transport in Küchenpapier eingewickelt und in ein Schraubglas eingelegt, erleichtert man zwar spürbar das eigene Portemonnaie, bereitet aber garantiert große Freude.

KUNSTHANDWERK

Haltbarer als Kulinarisches sind die Holzschnitzereien der Bauern aus dem Sesiatal wie Mörser und andere praktische Küchengeräte. In Castellamonte bei Ivrea hat die Keramikbrennerei eine lange Tradition; neben eher sperrigen Kachelöfen wird auch sehr hübsches Geschirr hergestellt.

MODE & SCHMUCK

Alessandria ist die Heimat des weichen Borsalinohuts, der traditionellen Kopfbedeckung der Leinwandmafiosi. Als Stadt des Goldes gilt das nahe Valenza Po. Hier arbeiten zahlreiche Goldschmiede, deren Gold- und Edelsteinschmuck Sie vor Ort vergleichsweise günstig bekommen. In Biella, der traditionsreichen Textilstadt, kann man herrliche Stoffe erwerben (z. B. Kaschmir von Loro Piana) und in der Valsesia Spitzen- und Häkelwaren nach Walsertradition.

WEINE

Auch Weine lassen sich hervorragend einkaufen – ob edler Barolo oder fruchtiger Grignolino, süffiger Dolcetto oder lieblicher Moscato d'Asti. Am meisten Spaß macht es, statt im Supermarkt direkt beim Weinbauern zuzuschlagen, wo man den Wein vorher auch probieren darf. Ein guter Tipp für Weinkäufer sind auch die zwölf *enoteche regionali* (z. B. in Canelli, Barolo oder Nizza Monferrato), in denen jeweils die Weine des entsprechenden Anbaugebiets verkauft werden. So verschafft man sich einen guten Überblick.

> PALMEN UND EWIGES EIS

An den Seen treffen mediterrane Atmosphäre und alpine Bergwelt aufeinander

> Dornartig bohrt sich das Piemont im Nordosten in die Schweiz hinein. Es ist ein Land der Gegensätze, das sich hier auftut: ewiges Eis auf den Viertausendern im Westen, Zitronenbäume und mediterranes Flair am Lago Maggiore, Steinbrüche in Domodossola und bäuerliche Bergwelten im Sesia- und Ossolatal.

Weniger mondän als der Lago Maggiore ist der kleine Lago d'Orta mit viel Kunst und malerischem Flair. Urlaubern bietet dieses Stück Piemont vielfältige Alternativen: Vom Bergsteigen bis zur Schiffsfahrt, vom Eisessen bis zum Besuch romanischer Kirchen ist alles möglich.

LAGO MAGGIORE

[124–125 C–D 3–4] **Palmen rascheln im Abendwind, es duftet nach Oleander und Jasmin, und leise schlagen die Wellen an**

Bild: Lago Maggiore

DER NORDOSTEN

die Uferpromenade … Angesichts des Lago Maggiore verwandeln sich selbst kühle Verstandesmenschen in romantisch schwärmende Geister. Kein Wunder, bei diesem Szenario! Schon seit dem 18. Jh. ziehen das milde Klima, die mediterrane Vegetation und der reizvolle Kontrast zum schneebedeckten Monte-Rosa-Massiv, dem zweithöchsten Gebirgsstock der Alpen, betuchte Ästheten aus aller Welt an. Die herrlichen Villen und Gärten, Promenaden und Belle-Époque-Hotels in den Kurorten Pallanza, Stresa, Arona, Baveno oder Belgirate lassen den Glanz vergangener Zeiten aufleuchten. Fast das ganze Westufer des mit 212 km² Oberfläche und 65 km Länge zweitgrößten Sees Italiens gehört zur Region Piemont, während das Ostufer lombardisch ist und der Nordzipfel mit Ascona und Locarno schweizerisch. Ein touristischer Geheimtipp ist der Lago Maggiore schon lange nicht mehr. Doch der große Rummel setzt erst gegen Ostern ein; wer kann, schaut deshalb schon vorher vorbei. Das Klima erlaubt es! Auch die Flotte der *Navigazione Lago Maggiore (Tel. 800 55 18 01 | www.navigazionelaghi.it)* ist rund ums Jahr in Betrieb. Für allgemeine Auskünfte ist die *ATL Lago Maggiore (Corso Italia 18 | Tel. 032 33 04 16 | Fax 03 23 93 43 35 | www.distrettolaghi.it)* in Stresa zuständig. Ausführliche Informationen zum Lago Maggiore finden Sie in den MARCO POLO Bänden „Oberitalienische Seen" und „Tessin".

Wie eine Zeitreise ins Postkartenidyll vergangener Tage: Isola dei Pescatori im Lago Maggiore

ZIELE AM LAGO MAGGIORE

ARONA [124 C4–5]

Schon aus der Ferne grüßt die 23 m hohe ✱ Kupferstatue des Carlone, des „Riesenkarl". Gewidmet ist das Monument, das man innen besteigen kann wie die Freiheitsstatue von New York (lohnender Ausblick durch Carlones Augen), dem hl. Carlo Borromeo (1538–1584), Erzbischof von Mailand, berüchtigter Protestantenjäger und Spross der hier herrschenden Fürstenfamilie der Borromäer *(tgl. 9–12.30 und 14–18.30 Uhr, im Winter nur Sa/So und nur bis 17 Uhr | 4 Euro | 2 km nördlich an der Straße nach Dagnente).* Borromäischer Vergangenheit kann man auch auf der zum See sich öffnenden *Piazza del Popolo* nachspüren; dort steht der *Palazzo del Podestà,* der ehemalige Justizpalast (15. Jh.) im gotischen Spitzbogenstil. Arona (16 000 Ew.) ist ein wichtiges Geschäfts- und Fremdenverkehrszentrum. Feine Küche wird in der *Taverna del Pittore (Mo geschl. | Piazza del Popolo 39 | Tel. 03 22 24 33 66 | €€€)* mit schöner Terrasse serviert. Ursprünglicher geht es in der *Trattoria Campagna* im gleichnamigen Ortsteil im Nordwesten zu *(Mo-Abend und Di geschl. | Via Vergante 12 | Tel. 032 25 72 94 | €–€€).*

BORROMÄISCHE INSELN ★ **[124 C4]**

Es müssen große Gefühle gewesen sein, die Graf Vitaliano Borromeo seiner Frau Isabella d'Adda gegenüber hegte. Denn nur um ihr eine Freude zu machen, verwandelte er die belanglose, 300 m lange Felseninsel gegenüber von Stresa in die *Isola Bella.* 20 Jahre dauerten die Arbeiten zu einem der prachtvollsten Barockensembles Oberitaliens. Der reich ausgestattete Palast mit großzügigen Freitreppen und eigener Pinakothek, mit Spiegelgalerie und muschelgeschmückten Tuffsteingrotten lohnt allein schon den Besuch, doch die eigentliche Sensation sind die Gärten. In zehn großen Stufen steigen sie pyramidenförmig nach oben auf, durchsetzt mit Laubengängen und Muschelgrotten, steinernen Nymphen und geometrisch zugeschnittenen Beeten. *Palast und Garten Mitte März–Mitte Okt. tgl. 9 bis 17.30 Uhr | 11 Euro*

Einen Palast und Garten ganz anderer Art finden Sie auf der *Isola Madre.* Der hübsche, kleine Barockpalast (mit sehenswerter Marionettensammlung) diente 1599, als die Pest im Land wütete, Carlo Emanuele von Savoyen als Hort der Zuflucht. Dahinter liegt ein botanischer Garten mit subtropischer Pflanzenvielfalt, Papageien und weißen Pfauen *(Mitte März–Mitte Okt. tgl. 9 bis 17.30 Uhr | 10 Euro).*

Durchgehend geöffnet – weil ein ganz normales Dorf – ist die Dritte im Bunde der Inseln, die *Isola dei Pescatori,* auf der sich Besucher in ein pittoreskes Fischeridyll längst vergangener Zeiten zurückversetzt fühlen. Außerhalb der sommerlichen Stoßzeiten ist das Dorf mit seinen verwinkelten Gassen, den an Land gezogenen Booten und seinen in der Frühlingssonne sich wärmenden Katzen ein überaus malerischer Ort. Übernachten kann man auf der Fi-

MARCO POLO HIGHLIGHTS

★ Marktplatz
Mittelalterliches Szenario mit Inselblick in Orta San Giulio – pittoresker geht es nicht (Seite 36)

★ Cannobio
Mit seiner Seepromenade, den Palmen und verwinkelten Gassen ist das Grenzstädtchen am Lago Maggiore der Inbegriff aller Italiensehnsucht (Seite 34)

★ Sacro Monte
44 Kapellen künden vom Missionseifer der Gegenreformatoren (Seite 39)

★ Borromäische Inseln
Barockpaläste und -gärten wie nicht von dieser Welt (Seite 33)

★ Al Sorriso
Kulinarische Erlebnisreise in einem der besten Restaurants Italiens (Seite 38)

scherinsel mit Blick auf die Isola Madre in der romantischen Villa *Albergo Verbano (12 Zi. | Via Ugo Ara | Tel. 032 33 04 08 | Fax 032 33 31 29 | www.hotelverbano.it | €€€).* Zu den Inseln gelangt man mit Dampfern von Stresa, Arona und Verbania. Außerdem kann man von Stresa und Verbania aus mit privaten Boottaxis übersetzen. Auskunft: *Tel. 032 33 01 50 | www.borromeoturismo.it*

CANNOBIO ★ **[125 D3]**

Wer über die Schweiz anreist, kann sich 5 km hinter der Grenze an der wunderschönen Uferpromenade von Cannobio den ersten Cappuccino gönnen und den Süden genießen. Cannobio (5000 Ew.) schmiegt sich malerisch zwischen den See und die grünen Hügel des Hinterlands. Am Sonntagvormittag schlägt ein Markt seine Stände auf, für den Besucher auch von weit her kommen. Im uralten Ortskern gibt es ein frühgotisches *Rathaus* aus dem 13. Jh. und die romanische *Torre del Comune* zu sehen; enge Gassen führen hinunter zum See und treffen auf eine arkadengesäumte Häuserfront mit Geschäften und Cafés.

Übernachten können Sie in einem der sieben charmanten Zimmer des Insider Tipp *B & B Casa Arizzoli (Via Giovanola 92 | Tel./Fax 032 37 20 01 | www.casa-arizzoli.com | €€).* Phantastische Fischküche genießen Sie im *Del Lago (Mi-Mittag und Di geschl. | Via Nazionale 2 | Tel. 032 37 05 95 | €€€)* im Ortsteil Carmine Inferiore.

STRESA **[124 C4]**

Mondäner gehts nicht. Stresa (5000 Ew.) war und ist das Zentrum des feinen Lebens am Lago Maggiore, hier verläuft die längste Uferpromenade, hier stehen die prachtvollsten Hotels. Schuld an allem Glamour ist die aussichtsreiche Lage zu den Borromäischen Inseln, die vom Hafen aus in zehnminütiger Überfahrt zu erreichen sind. Ab dem 18. Jh. sammelte sich in Stresa der internationale Adel und buhlte um die Gunst, von den Grafen Borromini in ihren Inselpalästen empfangen zu werden. Derweil entstanden am Seeufer elegante Palazzi wie die *Villa Pallavicino* (1850), zu der ein großer botanischer Park im englischen Stil mit integriertem Zoo gehört *(März–Okt. tgl. 9–18 Uhr | 9 Euro | www.parcozoopallavicino.it).* Ebenfalls sehenswert ist die *Villa Ducale* (1771), in der Antonio Rosmini, der geistliche Philosoph und Gründer der Caritas, seine letzten Lebensjahre verbrachte. Heute ist hier das Centro Studio Rosmini eingerichtet, mit großer Bibliothek und *Museum (Mo–Fr 9–11.45 und 15 bis 17.45 Uhr | Eintritt gegen Spende).*

Eine Attraktion ist auch die Uferpromenade mit ihren Grandhotels aus der Zeit des Jugendstils wie dem *Grand Hotel des Iles Borromées (172 Zi. | Corso Umberto I 67 | Tel. 03 23 93 89 38 | Fax 032 33 24 05 | www.borromees.it | €€€).* Günstiger kommt man im netten B & B *La Camana (2 Zi., 1 Apartment | Via per Gignese 10 | Ortsteil Vedasco | Tel./Fax 032 33 15 53 | www.villalacamana.it | €€)* unter, das aussichtsreich über dem See liegt. In der Nähe isst man köstlich und in entspannter Atmosphäre in der *Osteria Vecchio Tram (Di geschl. | Ortsteil Vedasco | Tel. 032 33 15 75 | €€).* Schöne Terrasse! Insider Tipp

DER NORDOSTEN

Im Park der Villa Taranto in Verbania wird für Sie der grüne Teppich ausgerollt

Originell ist das *Museo dell'Ombrello,* das Schirmmuseum im 8 km westlich gelegenen Gignese *(Via Principe Tomaso 70 | April–Sept. Di bis So 10–12 und 15–18 Uhr | www.gignese.it/museo | 2 Euro).*

VERBANIA **[124 C4]**

1939 wuchsen die beiden Städtchen Intra und Pallanza zu Verbania (30 000 Ew.) zusammen, das sich inzwischen zum Wirtschafts- und Industriezentrum des Sees entwickelt hat. Die zwei Stadthälften könnten gegensätzlicher nicht sein. *Intra* ist modern und geschäftig. In *Pallanza* dagegen scheint die Zeit stehen geblieben zu sein. Hier herrscht schöne Lago-Maggiore-Stimmung mit Villen, Parks und einem herrlichen Blick über den Borromäischen Golf mit seinen Inseln.

Der weltberühmte *Park der Villa Taranto (Ende März–Okt. tgl. 8.30 bis 18.30 Uhr | 8,50 Euro | Via Vittorio Veneto)* wurde von einem schottischen Edelmann 1931 im englischen Stil angelegt. 7 km Wege führen durch ganz unterschiedliche Landschaftsformen und vorbei an 20 000 verschiedenen Pflanzenarten, darunter – im April – ein Meer aus 80 000 Tulpen. Von kunstgeschichtlichem Interesse sind die romanische Kirche *San Remigio* mit schönen Fresken aus dem 13. und 16. Jh. sowie die etwas außerhalb gelegene *Madonna di Campagna,* ein Renaissancebau mit romanischem Campanile und Fresken u. a. von Carlo Urbini. Wohnen in alten Palazzi mit Seeblick können Sie in Intra im *Intra (40 Zi. | Corso Mameli 133 | Tel. 03 23 58 13 93 | Fax 03 23 58 14 04 | www.verbaniahotel.it | €€).* Fisch und frische Pasta werden in der hübschen Pergola der *Osteria dell'Angelo (Mo geschl. | Piazza Garibaldi 35 | Tel. 03 23 55 63 62 | €€)* in Pallanza aufgetragen.

ORTA SAN GIULIO

[124 C4] Der in waldreiche Hügel eingebettete, gerade mal 13 km lange See wirkt

recht unaufdringlich im Vergleich zum nahen Lago Maggiore. Der Lago d'Orta strahlt ruhige Heiterkeit und viel Harmonie aus, und das auf einer Landzunge erbaute Städtchen Orta San Giulio besitzt ein besonders malerisches Stadtbild. Sanft senkt sich die kopfsteingepflasterte Via Albertoletti zum alten, von alten Palazzi mit Arkadengängen gesäumten ★ *Marktplatz* hin. An seiner Längsseite öffnet er sich zum See und gibt den Blick frei auf die Insel San Giulio mit dem großen Bischofspalast.

SEHENSWERTES

ISOLA DI SAN GIULIO

Die Legende besagt, dass der hl. Giulio im Jahr 390 auf seinem Mantel zur Insel übersetzte, die dort ansässigen Feuer speienden Drachen vertrieb und ein erstes Gotteshaus errichtete. Von diesem ist heute nichts mehr zu sehen, doch die im 12. Jh. an seiner Stelle errichtete *Basilica di San Giulio (Di–So 9.30–18.45, Mo 12–18.45 Uhr)* gehört zu den wichtigsten romanischen Bauwerken der Region. Der Innenraum ist großteils barockisiert, doch die dominierende Kanzel aus schwarzem Marmor mit phantastischen Tier- und Heiligenplastiken ist ein Meisterstück der Romanik. Im gemieteten Ruderboot ist man in einer Viertelstunde auf der Insel; es verkehrt aber auch ein Shuttleservice *(Rückfahrkarte 2,50 Euro).*

SACRO MONTE DI ORTA

Das Bergheiligtum von Orta erhebt sich auf einem bewaldeten Hügel oberhalb von Orta San Giulio und stellt in 20 Kapellen mittels Fresken und Figurengruppen das Leben des hl. Franz von Assisi dar. Die Kapellen folgen unterschiedlichen Stilformen von Renaissance bis Rokoko. Der prächtige mediterrane Mischwald steht unter Naturschutz, und vom Gipfel des Sacro Monte hat man einen schönen Blick über den See auf die Berge.

ESSEN & TRINKEN

SACRO MONTE

Hier sollten Sie reservieren, denn das mitten im Naturpark gelegene rustikale Lokal ist ausgesprochen beliebt. Man isst (piemontesisch) auf der Terrasse oder drinnen am Kamin. *Di, im Winter auch Mo-Abend geschl. | Via Sacro Monte 5 | Tel. 032 29 02 20 |* €€

>LOW BUDGET

- Am mondänen Westufer des Lago Maggiore gibt es nicht nur unerschwingliche Belle-Époque-Hotelpaläste: Wer direkt am Ufer des Sees schlafen möchte, kommt auch günstiger davon – z. B. auf dem wunderschön gelegenen Campingplatz *Isolino Camping (Fondotoce di Verbano | Tel. 03 23 49 60 80 | Fax 03 23 49 64 14 | www.isolino.it)* im Naturschutzgebiet mit Blick auf die Borromäischen Inseln und den Monte Rosa.
- Ein Pflichtstopp am Lago Maggiore für alle, die auf der Heimreise noch Platz im Kofferraum haben und ihn z. B. mit Töpfen von Lagostina, Heimtextilien von Pretti und Parmesan zu Schnäppchenpreisen füllen wollen: *Toce Center | Fondotoce | Via 42 Martiri 195*

ÜBERNACHTEN

ORTA

In dem restaurierten Altbau wohnen Sie mit nostalgischem Charme und familiärer Atmosphäre direkt am See. *35 Zi. | Piazza Motta 1 | Tel. 032 29 02 53 | Fax 03 22 90 56 46 | www.hotelorta.it* | €€

CONTRADA DEI MONTI

Entzückende Pension in einem renovierten Altstadthaus aus dem 16. Jh. Insider Tipp Bei gutem Wetter wird das Frühstück im romantischen Innenhof serviert. *17 Zi. | Via Contrada dei Monti 10 | Tel. 03 22 90 51 14 | Fax 03 22 90 58 63 | www.lacontradadeimonti.it* | €€

AUSKUNFT

Via Panoramica 24 | Tel. 03 22 90 51 63 | Fax 03 22 90 52 73 | www.distrettolaghi.com

ZIELE IN DER UMGEBUNG

CRUSINALLO [124 C4] Insider Tipp

Der kleine Ort 12 km nördlich am Nordende des Lago d'Orta ist Sitz des Lieblingsküchendesigners aller Deutschen, Alessi. Die sattsam bekannten Teekessel, Keksdosen und Zitronenpressen gibt es hier im Direktverkauf mit mindestens 30 Prozent Rabatt. *Via Privata Alessi | Mo 14–18, Di–Sa 9.30–18 Uhr*

Sacro Monte di Orta: lebenspralles Figurentheater aus der Zeit der Gegenreformation

OSSOLATAL UND SEITENTÄLER [124 C3]

Der Hauptort *Domodossola* (19 000 Ew.), knapp 50 km nördlich von Orta San Giulio, ist bekannter als dieses nördlichste Stück Piemont, eine aus mehreren Tälern bestehende Alpenlandschaft. Domodossola ist ein wichtiger Verkehrs- und Eisenbahnknotenpunkt, seit zu Napoleons Zeiten der Simplonpass ausgebaut wurde. Östlich der nach Domodossola führenden großen Passstraße breiten sich mit dem *Parco Nazionale della Val Grande* über 200 km² unberührte Bergwelt aus; herrliche Wanderungen (auch mit Hüttenübernachtung) sind hier möglich. Hinter Domodossola geht es in die grüne *Val Vigezzo,* die man sehr romantisch mit dem Insider Tipp Bähnchen *La Vigezzina* bis ins schweizerische Locarno befahren kann. In *Santa Maria Maggiore* sollten Sie die Fahrt unterbrechen: Dort gibt es ein originelles Insider Tipp *Kaminkehrermuseum (Juli/Aug. tgl. 15.30–18, So/Mo auch 10–12 Uhr | 3 Euro | Parco Villa Antonia).*

SORISO [124 C5]

Besucher, die in die 770-Seelen-Gemeinde oberhalb des 5 km südlich gelegenen Gozzano hinauffahren, haben nur eines im Sinn: eine Mahlzeit im ★ *Al Sorriso,* einem der besten Restaurants ganz Italiens. Hier kocht Luisa Valazza phantasievoll verfeinerte regionale Gerichte. Ein üppiges Menü schlägt mit etwa 120 Euro zu Buche – das ist mehr als in der Pizzeria, aber nicht zu viel für das, was dem Gaumen hier an Sensationen geboten wird. Drei Michelinsterne! *Mo/Di geschl. | 8 Zi. | Via Roma 18/20 | Tel. 03 22 98 32 28 | www.alsorriso.com* | €€€

VALSESIA [124 B4]

Das grünste Tal Italiens führt am Ufer des Sesia entlang bis an den Fuß des Monte Rosa (4634 m). Zusammen mit seinen Seitentälern bildet es eine Alpenregion von dramatischer Schönheit, zu der die wilden Gebirgsflüsse ebenso beitragen wie die dichten Wälder, die zackigen Felsgrate und die schindelgedeckten Holzhäuser der Walser.

Das wirtschaftliche und kulturelle Zentrum der Valsesia ist *Varallo* (7700 Ew.) 35 km westlich von Orta San Giulio, das eine hübsche Altstadt mit der spätgotischen Saalkirche *Santa Maria delle Grazie* besitzt (grandioser Freskenzyklus von Gaudenzio Ferrari, ein „Einheimischer", der zu den großen Meistern des 16. Jhs. gezählt wird). Bekannt ist es

> DIE KULTUR DER WALSER

Die archaische Architektur in Alagna und Macugnaga

Vor gut 700 Jahren kletterten sie über die höchsten Alpenpässe aus dem Wallis herüber: die Walser, eine schweizerische Volksgruppe auf der Suche nach neuem Siedlungsraum. Sie brachten ihre eigene Sprache mit – Titsch, ein alemannischer Dialekt – und ihre eigenen Vorstellungen vom Häuserbau. Beides prägt die Hochtäler von Sesia und Anzasca, in denen sich die Walser als Bergbauern niederließen, bis heute. Auffälliger als die Sprache ist die Architektur in den zahlreichen kleinen Siedlungen des *Lann* (Land), wie das Dorf Alagna bei den Walsern heißt: Häuser mit dunkel verwitterten Lärchenholzwänden unter schwerem Granitdach und Balkongestänge, auf dem das Heu trocknet – Bilder aus einer uralten Welt.

aber vor allem durch seinen ★ *Sacro Monte.* Das „neue Jerusalem" wird die 200 m über Varallo gelegene Pilgerstätte (1497–1650) genannt: In 44 Kapellen und einer Basilika stellen 800 lebensgroße Figuren aus Holz und Terrakotta vor freskiertem Hintergrund den Leidensweg Christi bis hin zur Auferstehung dar. Einige Szenen schuf Gaudenzio Ferrari. Der Sacro Monte von Varallo ist ein besonders gelungener Schachzug der Gegenreformatoren: Der Theatralik und Eindringlichkeit der Szenen können sich Besucher schwer entziehen.

Am Schluss des *Valgrande* genannten Haupttals liegt der Ferienort *Alagna* (430 Ew.), eine Walsergründung. Hier wird noch der altdeutsche Dialekt gesprochen. Das *Museo Walser (Sa/So, im Juli/Aug. tgl. 14–18 Uhr, sonst nach Anmeldung | Tel. 34 71 37 74 04 | 1 Euro | Ortsteil Pedemonte)* spürt den Lebensgewohnheiten und Bräuchen der Walser nach. Von Alagna aus kann man sich recht bequem dem Monte Rosa nähern und mit der Seilbahn bis auf 3153 m fahren.

Als wärs ein Stück der Schweiz: Die Valsesia ist das grünste Tal Italiens

Ein kulinarischer Tipp: Am Ende der *Val Sermenza* liegt mit *Carcoforo* die kleinste Gemeinde Italiens (ca. 80 Ew.), ein Bergdorf wie aus dem Bilderbuch, mit dem sehr guten Restaurant *Scoiattolo (Mo/Di geschl. | Via Casa del Ponte | Tel. 016 39 56 12 | www.ristorantescoiattolo.com | €€).* Auskünfte über die Valsesia erteilt die *ATL (Corso Roma 38 | Tel. 01 63 56 44 04 | Fax 016 35 30 91 | www.turismovalsesiavercelli.it)* in Varallo.

> ITALIENS SILICON VALLEY

Unterwegs in der Ebene zwischen Turin und Mailand: Reisanbau, Hightech und jede Menge alte Schlösser

> In der fruchtbaren Ebene zwischen Turin und Novara, von schnurgeraden Straßen und Kanälen durchzogen, wird seit dem Mittelalter Reis angebaut. Stattliche Dörfer und Städte wie Novara und Vercelli künden vom Wohlstand, den das brachte. Gen Norden, im üppig grünen Voralpenland rund um Ivrea dagegen, begegnet die Vergangenheit bereits der Zukunft. Zahllose Schlösser und Kastelle schmücken das italienische „Silicon Valley", eine Region, in der sich besonders viele Hightechbetriebe niedergelassen haben. Das Biellese wiederum ist berühmt für seine traditionsreiche Textilherstellung: Namen wie Zegna, Piana und Piacenza lassen Woll- und Kaschmirliebhaber in der ganzen Welt aufhorchen.

BIELLA

[124 B5] Biella (48 000 Ew.) ist ein wichtiges Zentrum der Textilherstellung – mit

Bild: Reisfeld bei Vercelli

POEBENE UND CANAVESE

entsprechenden Einkaufsmöglichkeiten. Zudem kann man von hier aus eine Reihe schöner Ausflüge ins Voralpenland unternehmen. Das von den Römern gegründete Biella ist zweigeteilt: Hoch auf einem Hügelkamm thront das in sich versunkene *Biella Piazzo,* das das mittelalterliche Gesicht der Stadt bewahrt hat. In der Ebene liegt die Unterstadt *Biella Piano,* die sich vor etwa 200 Jahren mit der Entstehung der großen Spinnereien zum eigentlichen Zentrum Biellas gewandelt hat. Beide Stadtteile sind durch eine Seilbahn miteinander verbunden *(Talstation an der Piazza Curiel).*

SEHENSWERTES

OBERSTADT

Große Ruhe liegt über der Piazza Cisterna und der von gotischen Adelspalästen gesäumten Via Avogadro – ganz so, als sei die Zeit stehen geblieben. Umso besser, denn so genießt man ungestört von der Hektik modernen Daseins die altertümliche Atmosphäre hier oben, das Kopfsteinpflaster, die gotische Kirche *San Giacomo* (13. Jh.) mit Campanile und Triptychon von Daniele de Bosis (1497) sowie den *Palazzo Gromo di Ternengo* mit seinem loggienumstan-

Katzenkopfpflaster und gotische Adelspaläste: In Biellas stimmungsvoller Oberstadt können Sie Atmosphäre tanken

denen, zweistöckigen Renaissancehof. Vom Garten des frühklassizistischen *Palazzo Ferrero* hat man einen guten Blick auf die Unterstadt und in die Poebene hinein.

Insider Tipp

CITTADELLARTE ▶▶

In einer ehemaligen Wollfabrik hat der Künstler Michelangelo Pistoletto ein modernes Kunst- und Kulturzentrum eingerichtet, um mithilfe der Kunst ein „drittes Paradies" ohne ökologische Probleme zu schaffen. Wechselnde Ausstellungen, Bookshop und eine feine Cafeteria mit wöchentlich wechselnder „Glocal"-Küche. *Di–Fr 9–17, Sa/So 11 bis 13 und 13.30–18.30 Uhr | Via Serralunga 27 | www.cittadellarte.it*

UNTERSTADT

Obwohl in den Straßen von Biella Piano das moderne Geschäftsleben pulsiert, gibt es viele gemütliche Ecken und auch ein paar Relikte der Vergangenheit zu entdecken. Der plump wirkende Backsteinbau gleich links des Doms ist ein uraltes *Baptisterium* aus frühromanischer Zeit (9./10. Jh.), dessen Baumaterial zum Teil noch älter ist – es wurden u. a.

römische Marmorreliefs verwertet. Als künstlerischer Höhepunkt Biellas gilt die Renaissancekirche *San Sebastiano* (Ende 14. Jh.) mit einer gelungenen Fassade der Neorenaissance (1882) sowie wertvollem Chorgestühl, Fresken und Altarbildern des 16. Jhs.

ESSEN & TRINKEN

Insider Tipp

BIRRERIA MENABREA

Warum wir im Weinland Piemont ausgerechnet eine Bierstube vorstellen? Weil das in Biella gebraute Menabrea-Bier schon dreimal die World Beer Championship gewonnen hat! In den renovierten Exställen der Brauerei kann man es zusammen mit deftigen Spezialitäten probieren. *So/Mo und mittags geschl. | Via Ramella Germanin 4 | Tel. 01 52 52 24 35* | €

EINKAUFEN

In Biella kauft man natürlich Textiles, und dies zu günstigen Preisen, denn es gibt eine Reihe interessanter Fabrikoutlets. Lohnend sind z. B. *The Place* und *Biella Factory Outlet,* beide südlich der Stadt gelegen. Reduzierte Sportkleidung und -schuhe finden Sie bei *Lanificio Fratelli Cerruti (Via Cernaia 40),* wo man auch bei Freizeitkleidung fündig wird. Strickwaren aus feinem Kaschmir gibt es günstig bei *Sislan (Via Bengasi 8).*

ÜBERNACHTEN

TENUTA LA MANDRIA

Großer, schöner Pferdehof etwas außerhalb bei Candelo, der neben Reitkursen auch ein paar Zimmer anbietet. Gute, bäuerliche Küche. *Via Castellengo 106 | Tel. 01 52 53 60 78 | Fax 01 52 53 07 43 | www.tenutalamandria.com* | €

AUSKUNFT

Piazza Vittorio Veneto 3 | Tel. 015 35 11 28 | Fax 01 53 46 12 | www.atl.biella.it

ZIELE IN DER UMGEBUNG

CANDELO [124 B5]

Ricetti heißen die piemontesischen Wehrdörfer, die fast alle im 14. Jh. entstanden und den Bauern dazu dienten, Vieh und Lebensmittel sicher zu verwahren und in brenzligen Zeiten auch sich selbst. Das am besten erhaltene *ricetto* ist 5 km östlich in Candelo zu besichtigen: Von dicken Mauern und Wehrtürmen beschützt, drängen sich zweigeschossige Häuser aneinander. Im Erdgeschoss logierten die Tiere, oben wurden die Vorräte aufbewahrt. Das *ricetto* steht mitten im Zentrum von Candelo, auf der *Piazza Castello,* und ist – wie immer in Friedenszeiten – unbewohnt.

Köstliche Käse, Risotto mit Wildkräutern oder gefülltes Perlhuhn kann man sich danach im Restaurant *Fuori*

MARCO POLO HIGHLIGHTS

★ **Oropa**
Barocker Wallfahrtsgigantismus vor alpinem Hintergrund, dazu ein kleiner Sacro Monte (Seite 44)

★ **Basilica Sant'Andrea**
Gleich vier Türme schmücken die große gotisch-romanische Kirche in Vercelli (Seite 49)

le Mura (Di geschl. | Via Marco Pozzo 4 | Tel. 01 52 53 61 55 | €€) schmecken lassen. Zum Lokal gehört ein Insider Tipp kleines Museum mit Küchengeräten.

L'OASI ZEGNA [124 B5]

Die vom Textilgrafen Ermenegildo Zegna in den Dreißigerjahren erdachte und finanzierte Oase ist nicht etwa ein Stoffdiscount, sondern ein Naturparadies. Basis ist die 26 km lange *Panoramica Zegna,* die Staatsstraße 232, die Trivero mit Rosazza 15 km nördlich von Biella verbindet. Zwischen 800 und 1500 m hoch gelegen, ist sie Ausgangspunkt für 27 Wanderungen, Rad- oder Skitouren, auf denen man sich jeweils mit einem Thema aus Fauna, Flora, Geografie oder Geschichte vertraut machen oder einfach die Berglandschaft genießen kann. Auskunft: *Pro Loco di Trivero | Centro Zegna | Tel. 015 75 61 29 | www.oasizegna.com*

Ihren höchsten Punkt erreicht die Panoramica Zegna 25 km nördlich von Biella in *Bielmonte,* einem sommers wie winters beliebten Urlaubsort. Nahe Trivero, beim Dorf Pray, ist eine der vielen im 19. Jh. im Biellese entstandenen Webereien zu besichtigen, die *Fabbrica della Ruota.* Die Insider Tipp stillgelegte Anlage wurde zu einem Dokumentationszentrum umgebaut; es gibt ein Archiv sowie wechselnde Ausstellungen zu sehen. Besichtigung nach Voranmeldung bei *Docbi | Centro Studi Biellesi | Tel./Fax 01 57 38 83 93 | www.docbi.it.*

OROPA ★ [124 B5]

Tausende Pilger wallfahren jedes Jahr zum beliebtesten Marienheiligtum Italiens – obwohl der von Oropa beanspruchte Ruhm, älteste Marienwallfahrt Europas zu sein, längst widerlegt ist. Die hier, 13 km nordwestlich von Biella, angebetete Schwarze Madonna, eine mit Gold und Edelsteinen prachtvoll geschmückte Holzfigur, soll der Legende nach vom Evangelisten Lukas geschnitzt und 369 in die Berglandschaft oberhalb Biellas gebracht worden sein. Dokumentiert ist die Wallfahrt jedoch erst seit dem 13. Jh.

Bei Bielmonte erreicht die Bergstraße Panoramica Zegna ihren höchsten Punkt

Die frühbarocke *Basilika,* die das Gnadenbild und zahlreiche sehenswerte Votivgaben enthält, wurde 1600–1606 erbaut. Sie ist das Herz der Anlage, die im 17. und 18. Jh. zu einem gigantischen Barockkomplex ausgebaut wurde und seither schlossähnliche Züge aufweist. Auf künstlich aufgeschütteten Terrassen entstanden von prachtvollen Barockbauten umrahmte Höfe. Durch diese steigt man auf zur Krönung von Oropa, zur Kuppelkirche *Regina Montium,* die erst 1960 fertiggestellt wurde und fast abweisend wirkt. Linker Hand des Komplexes wurde auch ein bescheidener *Sacro Monte* angelegt: zwölf Kapellen, in denen Skulpturengruppen vom Leben Marias erzählen.

Wer hier länger verweilen will: Die Wallfahrtskirche Oropa bietet eine Infrastruktur wie ein – pardon – Ferienclub: 700 Pilgerzimmer, unterschiedliche Restaurants und Cafés, dazu Einkaufsmöglichkeiten und Freizeitangebote.

IVREA

[124 A6] Die strategisch günstige Lage am Ausgang des Aostatals war schon den Römern aufgefallen, die auf dem Bergrücken oberhalb des Flusses Dora Baltea eine Stadt errichteten, von der bis auf die Reste eines Amphitheaters jedoch nichts mehr erhalten ist. Heute assoziiert man mit Ivrea (24 000 Ew.) eher den Namen Olivetti, denn das Städtchen ist Sitz des 1908 gegründeten Büromaschinen- und Computerunternehmens. Trotzdem herrscht durchaus historisches Flair in den engen, sich den Berg hinaufziehenden Gassen der Altstadt.

SEHENSWERTES

BURG

Wo einst schon Arduino, Vorkämpfer gegen die bischöflichen Feudalherren und erster König von Italien, sei-

Die riesige Anlage von Oropa gleicht eher einem Schloss als einem Kloster

ne Festung stehen hatte, erbaute drei Jahrhunderte später (1358–94) Amadeo IV. von Savoyen eine imposante Backsteinburg, die noch heute das Stadtbild beherrscht. Uneinnehmbar erscheint die Anlage mit ihren weit hochgezogenen Außenmauern und den hoch aufragenden Zinnentürmen. *Mai–Okt. So 10–12 und 15.30–18.30 Uhr | 2 Euro | Piazza Castello*

DOM SANTA MARIA ASSUNTA

Schon seit zwei Jahrtausenden wird hier gebetet. Aus der romanischen

Zeit sind die Glockentürme, die Krypta und der Vierungsturm erhalten; im Übrigen wurde die Kirche im Neubarock und Klassizismus (Fassade!) umgestaltet. Im äußeren Säulengang steht der Sarkophag eines römischen Quästors aus dem 1. Jh. *Tgl. 8.30–12 und 14.30–18.30 Uhr | Piazza Castello*

EDIFICI OLIVETTI

Firmengründer Camillo Olivetti (1868–1943) war ein Unternehmer, dem die sozialistischen Ideale gefielen und der versuchte, die drei Bereiche Industrie, Landschaft und Stadt sozial verträglich zu harmonisieren. Seine Erben taten es ihm gleich, und so sind heute im Südwesten Ivreas zahlreiche Olivetti-Bauten zu sehen, die im Stil guter, moderner Architektur der industriellen Fertigung eine menschliche Note geben. Darunter die *Fabrik* selbst (erweitert 1936 und 1957), der sternförmige *Palazzo di Uffici* (Sechzigerjahre, beide *Corso Jervis*) sowie die Wohnhäuser für Mitarbeiter (frühe Siebzigerjahre, *Via Carandini*). Die Anlagen sind im Rahmen des Open-Air-Architektur-Museums *MAAM (rund um die Uhr geöffnet)* zu besichtigen, das sich 2 km lang an der Via Jervis erstreckt. *Infozentrum: April–Sept. Di–Sa 14 bis 18, Okt.–März Di–Fr 9–13 Uhr | Via Jervis 77 | Führungen: Cooperativa Alce Rosso (Tel. 01 25 64 18 16 | www.maam.ivrea.it)*

Insider Tipp Ein baugeschichtliches Kuriosum: Mitten auf dem Firmengelände liegt auch die Klosterkirche *San Bernardino* (15. Jh.), in der es einen sehr schönen spätgotischen Freskenzyklus zu sehen gibt, der in 21 Bildern das Leben Jesu erzählt. *Jeden 1. und 3. So des Monats 15–19 Uhr bzw. nach Anmeldung unter Tel. 01 25 52 11 18*

ESSEN & TRINKEN ÜBERNACHTEN

CASTELLO SAN GIUSEPPE

Erst war es ein Kloster, dann wurde es Burg, heute ist es ein Hotel mit viel Atmosphäre. In den Mönchszellen wird geschlafen, in der Bibliothek gegessen. *24 Zi. | Chiaverano (5 km nordöstlich) | Ortsteil Lago di Sirio | Tel. 01 25 42 43 70 | Fax 01 25 64 12 78 | www.castellosangiuseppe.it* | €€€

AGRITURISMO LA MINIERA

In der herrlich gelegenen Exbergwerksanlage 10 km nördlich werden Zimmer und Wohnungen vermietet; man kann aber – nur nach Anmeldung! – auch einfach zu den Mahlzeiten vorbeikommen und Roberta Anaus köstliche piemontesische und koschere Küche probieren. *Mo–Mi geschl. | Via delle Miniere 9 | Ortsteil Valcava | Tel. 012 55 86 18 | www.laminiera.it* | € Insider Tipp

AUSKUNFT

Corso Vercelli 1 | Tel. 01 25 61 81 31 | Fax 01 25 61 81 40 | www.canavese-vallilanzo.it

ZIELE IN DER UMGEBUNG

LAGO SIRIO [124 A6]

Insider Tipp Einer der saubersten Seen ganz Italiens versteckt sich hinter Ivrea. Eingefasst von grünen Hügeln, mit Blick auf die Bergriesen des Aostatals, bietet er besondere Ruhe und köstliche Badefreuden, z. B. im netten, kleinen

Strandbad *Chalet Moia (tgl. 9–20 Uhr | Chiaverano | www.chaletmoia.it).*

Insider Tipp **MAGLIONE** [124 B6]
Bis 1985 kannte kaum jemand die 500-Seelen-Gemeinde knapp 20 km südöstlich bei Cigliano. Dann kam Schriftsteller Maurizio Corgnati und verwandelte das Dorf in ein Freilichtmuseum der ganz besonderen Art: Ausgestellt sind über 100 Bilder, die die Künstler statt auf Leinwand auf die Fassaden der Dorfhäuser gepinselt haben. Jedes Jahr im September, zum Patronatsfest San Maurizio am 22., kommen neue hinzu. Die Faszination liegt im starken Kontrast zwischen der Kunst und dem bäuerlichen Alltag drum herum. Auskunft: *Museo d'Arte Contemporanea all'Aperto di Maglione | Tel. 01 61 40 01 13 | www.macam.org*

NOVARA

[125 D6] **Industriezentrum, Verkehrsknotenpunkt und auch noch in der Nebelebene zwischen den Flüssen Sesia und Ticino gelegen: So richtig Lust auf einen Besuch in Novara macht das alles nicht.** Doch die zweitgrößte Stadt Piemonts (100 000 Ew.) bietet allerhand: ein größtenteils autofreies Zentrum mit gut erhaltenen Palazzi aus Renaissance und Barock, breite Promenaden unter Schatten spendenden Platanen, elegante Einkaufsstraßen. Das Wahrzeichen Novaras, der bis weit in die Reisebene hinein zu erkennende Kuppelturm von San Gaudenzio, stammt unverkennbar aus der Hand des Meisters, der auch die Mole in der Hauptstadt erbaut hat: Alessandro Antonelli.

SEHENSWERTES

BROLETTO

In den um einen charmanten Innenhof gebauten romanischen und gotischen Gebäuden tagten der „Große Rat" und die Handwerkervereinigung. Heute sind im *broletto* zwei Museen untergebracht. Während das *Museo Civico (zzt. wegen Renovierung nur nach Voranmeldung unter Tel. 032 13 70 27 55 | Eintritt frei)* archäologische Funde aus Novara und Umgebung zeigt, gibt es in der *Galleria d'Arte Moderna Giannoni (zzt. wegen Renovierung geschl.)*

Ein halbes Leben arbeitete Alessandro Antonelli an der Kuppel von San Gaudenzio

sehr sehenswerte lombardische Malerei des 19. Jhs. zu bewundern. *Via Fratelli Rosselli 20*

DOM

Das gewaltige klassizistische Bauwerk inszenierte Alessandro Antonelli 1863–69 als dreischiffige, säulenbeherrschte Tempelkirche. Im Inneren sind die aus der Vorgängerkirche geretteten schwarzweißen Fußbodenmosaiken und Tafelbilder von Gaudenzio Ferrari und Bernardino Lanino sehenswert. Gleich gegenüber vom Domportal steht das achteckige *Baptisterium,* vermutlich aus dem 5. Jh., mit vorromanischen Fresken. *Tgl. 7.30–12 und 15–18.30 Uhr | Piazza Repubblica*

> LOW BUDGET

- Ein *ecomuseo* ist ein Museum, das nicht nur Objekte zeigt, sondern ein bestimmtes Thema oder eine ganze Region mit ihrer Architektur, ihren Erfahrungen, ihren Lebensbedingungen widerspiegelt. Eine interessante Sache – umso mehr, wenn der Eintritt frei ist wie im Open-Air-*Ecomuseo della Castagna (frei zugänglich | Via Roma 10)* in Nomaglio bei Ivrea, in dem es um den Wirtschaftsfaktor Kastanie geht.
- Die Gegend rund um Biella ist ein Textildistrikt, in dem einige große Namen zu Hause sind. Richtig günstig zuschlagen kann man im Outlet des edlen Herrenschneiders *Ermenegildo Zegna (Trivero | Via Marconi 44)* in Trivero oder im Outlet von *Fratelli Piacenza (Pollone | Ortsteil Cisi),* wo es Plaids, Mäntel und mehr aus Kaschmir gibt.
- Käse zum Kampfpreis: Nirgends bekommt man Gorgonzola günstiger als in seiner Heimat Novara, etwa bei *Costa Alimentari (Corso Vercelli 3),* wo es die mildere Version des Blauschimmmelkäses schon ab 5,50 Euro pro Kilo gibt.

SAN GAUDENZIO

Als die Kuppel der großen, dem Stadtpatron geweihten Kirche aus der Spätrenaissance (ab 1577) um 1840 neu konstruiert werden musste, ließ sich Domarchitekt Antonelli die Gelegenheit nicht entgehen und trumpfte richtig auf: Heute dient San Gaudenzio in erster Linie als statische Basis einer Vierungskuppel, die sich in aufeinandergestellten Säulenzylindern bis auf 122 m hochzieht – deutlich höher als der Campanile. Auf der Spitze glänzt eine vergoldete Christusfigur. Antonelli arbeitete 44 Jahre an seinem Meisterwerk. *Tgl. 7 bis 12 und 15–18.30 Uhr | Via San Gaudenzio*

ESSEN & TRINKEN

PASTICCERIA COCCHI

Ofenwarm, saftig und unglaublich lecker: die Pizzen und *focacce* von Bäcker Gualtiero, eingepackt in Wachspapier und aus der Hand zu essen. *Di geschl. | Via Andrea Costa 8 |* €

TANTRIS

Der Gourmettipp liegt versteckt in der Peripherie, überzeugt aber durch kulinarische Phantasie – z. B. Wachtelsoufflé mit karamellisierten Sesamartischocken. *So-Abend und Mo geschl. | Corso Risorgimento 384 | Tel. 03 21 65 73 43 |* €€€

ÜBERNACHTEN

HOTEL PARMIGIANO

Nettes Dreisternehotel mit Atmosphäre am Altstadtrand. Die Zimmer haben Parkettböden und für die

Seit fast 800 Jahren Ort der Ruhe und Besinnung: Kreuzgang in Sant'Andrea

Preisklasse sehr schöne Bäder. *43 Zi. | Via di Cattaneo 4/6 | Tel. 03 21 62 32 31 | Fax 03 21 62 05 00 | www.italiaabc.it/a/parmigiano* | €€

FREIZEIT & SPORT

Östlich von Novara kann man bequem in ein Netz aus Radwegen einsteigen, die sich am Ticinokanal entlangziehen – eine entspannte Reise durch ein stilles Land, vorbei an Schleusen und alten Wasserkraftwerken, Kirchlein und Patriziervillen. *www.parcoticino.it*

Insider Tipp

AUSKUNFT

Baluardo Quintino Sella 40 | Tel. 03 21 39 40 59 | Fax 03 21 63 10 63 | www.turismonovara.com

ZIEL IN DER UMGEBUNG

VERCELLI [124 C6]

In der Hauptstadt des Reishandels (50 000 Ew.) lohnt die ★ *Basilica Sant'Andrea* einen Besuch. Erbaut 1219, erscheint die Fassade noch romanisch, während der dreischiffige Innenraum mit seinen Kreuzrippengewölben und den sie tragenden Bündelpfeilern schon deutlich gotische Züge trägt. Ungewöhnlich: Gleich vier Türme schmücken die Basilika. Die Renaissancekirche *San Cristoforo* birgt wunderschöne Renaissancefresken von Gaudenzio Ferrari und gelungene Trompe-l'Œil-Malerei aus dem Barock.

Wie gut der hiesige Reis schmecken kann – z. B. zu Klößchen mit Thunfischrogen verarbeitet –, beweist Massimo Milan in seiner *Osteria Cascina dei Fiori (So/Mo geschl. | Via Strada Rotta | Borgovercelli | Tel. 016 13 28 27 | €€).*

> VON STEINBÖCKEN UND KUNSTSINNIGEN MARKGRAFEN

Mittelalterliche Stadtbilder und wildromantische Bergtäler in den Cottischen Alpen

> Vom Gran Paradiso im Norden über den traumhaft gleichschenkligen Monviso bis hin zum ligurischen Apennin zieht sich die Bergwelt halbrund um die Turiner Ebene, einem alpinen Freilichttheater gleich. Viele teils noch ganz unberührt wirkende Gebirgstäler führen nach Westen, darunter die Transittäler Val di Susa und Val del Chisone, über die man nach Frankreich gelangt. Weiter im Süden warten mit Cuneo, Mondovì und Saluzzo historische Kleinode.

Bild: Nationalpark Gran Paradiso

CUNEO

[127 D–E4] **Cuneo ist das italienische Wort für „Keil" – und tatsächlich spitzt sich die Provinzhauptstadt (55 000 Ew.), zwischen den Flüssen Stura und Gesso auf einem steil abfallenden Plateau gelegen, nach vorne deutlich zu.** Ihrer strategisch günstigen Lage wegen (von hier gehen Passstraßen nach Ventimiglia und in die französischen Seealpen) wurde sie von den Savoyern im

WESTALPENBOGEN

14. Jh. zur Festung ausgebaut und später von den Franzosen nahezu pausenlos umzingelt (sieben Belagerungen allein zwischen 1542 und 1799). Die zahlreichen kriegerischen Auseinandersetzungen haben viel von der mittelalterlichen Substanz zerstört, aber offenbar auch die Freiheitsliebe und den Widerstandsgeist der Bevölkerung geprägt: Im Zweiten Weltkrieg war Cuneo mit seinen Alpentälern eine der stärksten Bastionen der *resistenza.* Ihrem Vorkämpfer, dem später von den Faschisten erschossenen Cuneeser Anwalt Tancredi „Duccio" Galimberti, ist der zentrale Platz gewidmet.

SEHENSWERTES

ALTSTADT

Die *Piazza Galimberti* ist mit ihren 24 000 m^2 einer der größten Plätze Piemonts und erinnert in ihrer arkadengeschmückten Weitläufigkeit an

Ungezählte Arkadengänge durchziehen die gesamte Altstadt von Cuneo

die Piazza San Carlo in Turin; sie trennt das moderne Cuneo von der Altstadt. Wer von hier aus durch die zentrale *Via Roma* und ihre Quer- und Parallelgassen bummelt, sieht die Geschichte der Stadt in ihren *portici,* den Bogengängen, festgeschrieben. Da gibt es niedrige Laubengänge, die an bedrückendes Mittelalter denken lassen, vor allem in der *Via Mondovì,* in der mit der alten *Synagoge* (15. Jh.) und der Kirche *San Sebastiano* (1320) die Aura der Vergangenheit besonders gut konserviert ist. Da gibt es die Arkaden unter den koketten Barockfassaden der *Via Roma,* in denen man einst Pferde unterstellte und Waren lagerte, und schließlich die prunkvollen Arkadengänge der Belle Époque in der Neustadt. Sehenswert ist der hoch aufragende *Palazzo Municipale* (Rathaus), ein ehemaliges Jesuitenkloster (1631), von Angelo Persico mit Fresken ausgemalt.

CASA MUSEO GALIMBERTI

Eine Bibliothek, Schriftstücke und viele Erinnerungen halten in seinem Geburtshaus das Bild des Resistenza-Kämpfers und Nationalhelden Duccio Galimberti lebendig. *Sa/So 15.30 und 17 Uhr Führung, sonst auf Anfrage | Eintrit frei | Tel. 01 71 63 17 57 | Piazza Galimberti 6*

MUSEO CIVICO

Selbst wer sich weder für Stadtgeschichte noch für Kunsthandwerk, prähistorische Funde oder die kostbare Gemälde- und die Trachtensammlung interessiert, könnte Gefallen am Städtischen Museum finden, denn es ist sehr ansprechend im ehemaligen Kloster San Francesco eingerichtet. Die zugehörige Kirche, im 13. Jh. im gotischen Stil errichtet, ist das wichtigste mittelalterliche Bauwerk der Stadt. Schön das dekorative Marmorportal und der Campanile von 1399. Die Kirche wurde jedoch schon 1793 entweiht und als Kaserne und Markthalle genutzt. *Di–Sa 8.30 bis 13 und 14.30–17, So 15–19 Uhr | 2,60 Euro | Via Santa Maria 10 a*

SANTA CROCE

Die schönste der drei Barockkirchen Cuneos ist kaum zu übersehen: Ihre mit Fresken und blauem Marmor geschmückte, nach innen gewölbte Fassade signalisiert bereits nach außen: Achtung, Schmuckstück! Erbaut wurde Santa Croce 1709–1715 von Francesco Gallo, einem piemontesischen Architekten, der in der Ebene südlich von Turin viele fast rokokohaft verspielte Kirchen gebaut hat. Auch Santa Croce, deren Grundriss zwei gekreuzte Ellipsen bilden, ist üppig ausgemalt und dekoriert. In der Apsis steht ein kleines gotisches Holzpult, von dem der Legende nach der hl. Bernardino von Siena den Armen gepredigt hat. *Wegen Renovierung zzt. geschl. | Via Santa Croce*

ESSEN & TRINKEN

OSTERIA DELLA CHIOCCIOLA

Ein guter Barbaresco oder Barolo aus dem phantastischen Weinkeller (*enoteca* im Parterre) begleitet die relativ leichten und frischen Varianten der klassischen piemontesischen Küche. *So geschl. | Via Fossano 1 | Tel. 017 16 62 77* | €–€€

EINKAUFEN

Dienstags und am Freitagvormittag erhält die großflächige *Piazza Galimberti* ein ganz anderes Gesicht – denn dann findet dort unter ausladenden Schirmen der große *Markt* statt. Um die alte *Via Mondovì* herum gibt es ein paar charmante *Antiquitätengeschäfte;* im Übrigen halte man sich an die leiblichen Genüsse: Die *Salumeria Ariano (Do-Nachmittag geschl. | Via Pascal 8)* ist berühmt für alles, was sich räuchern lässt; die Forellen und das Rindfleisch aus Carrù sind ein Gedicht! Außerdem gibt es den so raren wie rassen Käse Castelmagno. Die *Pasticceria Arione (Piazza Galimberti 14),* ein barocker Stuck- und Spiegeltempel, verkauft die besten *cuneesi,* mit Rumcreme gefüllte Schokoladenkugeln.

Insider Tipp

ÜBERNACHTEN

LIGURE

Gemütliches Altstadthotel mit alter Posthaltertradition. *22 Zi. | Via Savigliano 11 | Tel. 01 71 63 45 45 | www.ligurehotel.com* | €

LOVERA PALACE

In dem altehrwürdigen Palazzo im Zentrum hielt Napoleon einst Papst Pius VII. gefangen. Heute kommen die Gäste freiwillig in das komfortable Viersternehaus. Hervorragendes Restaurant, persönliche Leitung. *54 Zi. | Via Roma 37 | Tel. 01 71 69 04 20 | Fax 01 71 60 34 35 | www.lovera-palace.com* | €€€

AUSKUNFT

Via Roma 28 | Tel./Fax 01 71 69 32 58 | www.cuneoholiday.com

ZIELE IN DER UMGEBUNG

LIMONE PIEMONTE [127 E5]

Das 1600-Ew.-Städtchen liegt auf gut 1000 m Höhe 25 km südlich an der

MARCO POLO HIGHLIGHTS

★ Saluzzo
Mittelalterliches Stadtbild von seltener Harmonie und Geschlossenheit in grandioser Lage am Fuß des Monviso (Seite 55)

★ Manta
Die gotischen Fresken im Schloss: nicht nur schön, sondern auch unterhaltsam (Seite 58)

★ Val Maira
Uralte Dörfer in wilder Alpenlandschaft (Seite 55)

★ Sacra di San Michele
Die tausendjährige Abtei ragt wie ein Finger Gottes in den Himmel (Seite 63)

★ Festung von Fenestrelle
Gigantomanische Bergfestung (Seite 61)

Passstraße nach Ventimiglia und ist ein beliebter Wintersportort. Vom Gigantismus der künstlichen Skistationen der Alpen ist hier überhaupt nichts zu spüren. Limone ist ein gewachsenes Dorf mit gemütlichem Zentrum samt gotischer Pfarrkirche, hat aber immerhin 80 km Pisten, die bis auf gut 2000 m hinaufführen.

Ein höchst romantisches Quartier mitten im Schnee (oder im Grünen) ist das *Relais Arrucador* (*4 Zi. | Tel. 34 82 90 22 63 | Fax 17 82 78 18 67 | www.arrucador.it | €€–€€€*) oberhalb von Limonetto auf 1500 m Höhe.

Insider Tipp

MONDOVÌ [127 E4]

Weithin zu erkennen ist die schöne gotische Oberstadt von Mondovì (22 000 Ew., 30 km östlich von Cuneo), Piazza genannt und auf einem hohen Felsplateau oberhalb des Flusses Ellero gelegen. 150 m weiter unten breitet sich die belebte barocke Unterstadt aus, das Zentrum aller Aktivitäten. Oben aber findet der Besucher himmlische Ruhe und malerische Winkel.

Die *Piazza Maggiore* mit ihren gotischen Palazzi ist das Zentrum des alten Mondovì, das von den Savoyern im 16. Jh. zur uneinnehmbaren Festung ausgebaut wurde. Heute sind die Wehranlagen verschwunden, stattdessen beherrschen Barockkirchen das Szenarium. Die raffiniert ausgemalte Jesuitenkirche *Chiesa della Missione* schließt die Piazza Maggiore nach Süden ab, während weiter oberhalb die von Gallo erbaute, prunkvolle *Kathedrale San Donato* steht. Vom kleinen Park *Belvedere* gleich dahinter genießt man einen großartigen Weitblick. Charmant und nett: die *Vineria Rossomattone* (*Mo–Do geschl. | Piazza Maggiore 3 | €*) in einem alten Gewölbekeller.

Insider Tipp

5 km südlich erhebt sich das *Santuario di Vicoforte*, einer der größten Kuppelbauten Europas. Von vier Ecktürmen ist die ovale Riesenkuppel umstanden, die 6000 m² Wölbungsfläche aufweist. Diese musste – das war die wahre Herausforderung – illusionistisch ausgemalt werden. Verschiedene Spezialisten scheiterten an der unlösbar erscheinenden Aufgabe. Erst der aus Venedig herbeigeeilte Mattia Bortoloni löste das Problem mit einer seitwärts in den Himmel auffahrenden Maria. *Mo–Sa 10–12 und 14.30–17.30, So 14.30 bis 17.30 Uhr*

> LOW BUDGET

- Eintritt frei heißt es im *Ecomuseo della Pastorizia (Sa/So, Juli–Sept. Di bis So 15–18 Uhr | Pontebernardo | www.vallestura.net/ecomuseo).* Alles rund um das in der Gegend von Demonte heimische Sambucana-Schaf gibt es hier zu lernen, und in der Sennerei darunter käsen die Bauern der Umgebung und freuen sich über Zuschauer.
- Skifahren ist ein teures Vergnügen. Wie gut, dass es mitten im Megaskigebiet der Via Lattea (und direkt am Skilift) in Claviere die nette, höchst preisgünstige Unterkunft *Rifugio La Capanna (Strada Valla Gimont 11 | Tel. 011 87 81 39 | www.casalpina.com)* gibt. Bei 37 Euro für die Vollpension bleibt genug Geld für den Skipass übrig.

Ciciu heißen die bizarren Felspilze bei Villar San Costanzo in der Val Maira

VAL MAIRA ★ [126–127 C–D4]
Die vier Täler um Cuneo führen schluchtartig und wild ins Gebirge eingegraben auf Frankreich zu; alle lohnen einen Besuch. Allenthalben trifft man auf Spuren provenzalischer Kultur und Sprache, denn diese Täler wurden von Frankreich aus besiedelt. Besonders interessant ist die Val Maira, in der gleich am Eingang, 20 km nordwestlich von Cuneo beim Dorf *Villar San Costanzo* nahe Dronero, ein Wunderwerk der Natur zu bestaunen ist: die ca. 120 *ciciu,* durch Erosion entstandene Felsformationen, die wie versteinerte Pilze zwischen Birken und Kastanien stehen.

Wer sich weiter hineinwagt in das Tal, den belohnt der Anblick von wie Vogelnester kühn am Berghang klebenden, uralten Dörfern. Wildromantisch wirken diese Siedlungen, doch das Leben war bitter in solcher Abgeschiedenheit. Im Dorf *Elva* etwa (das bis vor kurzem noch als ärmste Gemeinde Italiens firmierte) lebten die Menschen als Perückenmacher vom Verkauf ihrer eigenen Haare. Doch in der Pfarrkirche *Santa Maria Assunta* leuchten wunderschöne Fresken des flämischen Malers Hans Clemer.

Im hübschen Weiler *Vernetti* bewirtschaftet Familie Galliano den gemütlichen Berggasthof *Ceaglio (Tel. 01 71 99 81 14 | Fax 01 71 99 81 17 | www.ceaglio-vallemaira.it | €)* mit 15 Zimmern und köstlicher Küche. Gute Startbasis für Wander- und MTB-Touren!

Insider Tipp

SALUZZO

[127 D3] ★ **Schwer zu sagen, was Besucher stärker in Bann schlägt: die Lage Saluzzos am Fuß der herrlichen, fast 4000 m hohen Felspyramide des Monviso oder die mittelalterliche Geschlossenheit des Stadtbilds, das der 15 000-Ew.-Ortschaft den Beinamen „Siena von Piemont" einbrachte.** Dieses schöne Kompliment verdankt Saluzzo vor allem seinen kunstsinnigen Markgrafen, die die Stadt zwischen dem 13. und dem 16. Jh. zu einer prächtigen Residenz ausbauten. Heute teilt sich Saluzzo in eine im 18. Jh. entstandene Unterstadt und in die historische Oberstadt, die sich an einem Ausläufer des Monviso hinaufzieht.

SEHENSWERTES

MUSEO CIVICO CASA CAVASSA

Insider Tipp

Die Casa Cavassa ist der wohl schönste und besterhaltene Renaissancepalast ganz Piemonts. 1883 kaufte der Marchese d'Azeglio das Anwesen und trug dort eine Sammlung von Möbeln und Kunstwerken aus dem 15. und 16. Jh. zusammen. Diese ergänzen sich mit der Bausubstanz, den prachtvollen Ausmalungen und den Balkendecken des Palasts aufs Feinste. Kaum ein anderes Museum im Piemont entlässt einen so beglückt in die Gegenwart. Ein Traum! *Do–So 10–13 und 14–18 (im Winter bis 17) Uhr | 4,50 Euro | Via San Giovanni 5 | www.casacavassa.it*

SAN GIOVANNI

San Giovanni entstand 1281 als kleine Privatkapelle und wurde 1325 den Dominikanermönchen vermacht, die sie 1370 durch eine dreischiffige Basilika ersetzten und ein Kloster anbauten. 50 Jahre später war auch die Basilika zu klein geworden und wurde deutlich verlängert. Der Chor wurde erst 1504 fertiggestellt und sollte den Markgrafen als Grabkapelle dienen. Grüngrauer Kalkstein aus dem nahen Sampèyre bildet die Basis, feines Flamboyantmaßwerk gliedert und schmückt den rechten Rahmen für den Sarkophag von Ludovico II, dem einzigen Markgrafen, der hier seine letzte Ruhe fand. *Tgl. 8–12 und 14.30–19 Uhr | Via San Giovanni*

SPAZIERGANG ZUM SCHLOSS

Nach einem kleinen Bummel unter den Bogengängen des *Corso Italia* geht es durch die *Porta Santa Maria* direkt hinein ins Mittelalter. Gesäumt von niedrigen, finsteren Bogengängen – *Via Porti Scür* sagen die Einheimischen denn auch folgerichtig, Straße der dunklen Tore – führt die Gasse zur *Piazza dei Mondagli,* wo das Geburtshaus *Silvio Pellicos* steht, des Dichters und Vorkämpfers des Risorgimento, der italienischen Einigungsbewegung im 19. Jh. Jetzt geht es im steilen Zickzack bergauf zur *Salita di Castello,* der im 15. Jh. mit gotischen Adelspalästen zur Prachtstraße ausgebauten Zufahrt zum Schloss. Rechter Hand steht der 1462 erbaute *Palazzo del Comune* mit der *Torre Civica,* Symbol der markgräflichen Unabhängigkeit. Man kann hinaufsteigen *(Do–So 9–12 und 15 bis 19.30, Winter nur Sa/So 14.30 bis 18.30 Uhr | 1,50 Euro).* Direkt vor den Schloss- bzw. Gefängnismauern sprudelt ein uralter Springbrunnen: Die *Fontana della Drancia* stammt von 1481.

ESSEN & TRINKEN

LA GARGOTTA DEL PELLICO

Das Restaurant hat sich im Geburtshaus (15. Jh.) des Dichters Silvio Pellico eingerichtet. Der Rahmen ist edel-gediegen, gekocht wird traditionell piemontesisch, doch mit Phantasie. *Di und außer So mittags geschl.* | *Piazza dei Mondagli 5* | *Tel. 017 54 68 33* | *www.lagargottadelpellico.it* | €€

L'OSTU DIJ BALOSS

Eine Warnung vorab: Das Tagesmenü wird frei rezitiert, was Italienischkenntnisse voraussetzt oder phantasievolles Deuteln verlangt. Doch eigentlich können Sie sowieso nichts falsch machen – in dieser zweistöckigen Edeltrattoria schmeckt es immer. Spezialitäten sind die Brennnesselsuppe mit Schwarzbrot und das ausgelöste Val-Maira-Zicklein. *Mo-Mittag und So geschl.* | *Via Gualtieri 38* | *Tel. 01 75 24 86 18* | *www.ostudijbaloss.it* | €€

EINKAUFEN

Seit dem 18. Jh. ist Saluzzo als Hochburg der Kunsttischler und Holzschnitzer berühmt. In geraden Jahren findet hier im Mai die Antiquitätenmesse *Mostra di Antiquariato* statt; aber auch zu anderen Zeiten findet man schöne lokale Antiquitäten aus Holz und Keramik, z. B. bei *Antichità Costa (Salita al Castello 8)*.

ÜBERNACHTEN

ALTER HOTEL

Insider Tipp

25 km nordwestlich in Barge ein schickes Art-Hotel in reduziertem

Von der Torre Civica haben Sie diesen Blick auf die lang gezogenen Gebäude von San Giovanni

Look, beliebt bei Turins und Mailands Designszene. Geschichte gibts auch hier: Das Gebäude war im 19. Jh. eine Textilfabrik. *21 Zi. | Piazza Stazione 1 | Barge | Tel. 01 75 34 90 92 | Fax 01 75 34 69 45 | www.alterhotel.it* | €€

ANTICO PODERE PROPANO

Historischer Vierkanthof mit viel atmosphärischen Gewölben und Natursteinwänden. Die Zimmer sind groß und mit modernem Komfort ausgestattet. Dazu gehört ein *agriturismo* mit etwas einfacheren und günstigeren Zimmern (€). *30 Zi. | Via Torino 75 | Tel. 01 75 47 90 47 | Fax 01 75 47 90 50 | www.anticopodere propano.com* | €€

AUSKUNFT

Piazza dei Mondagli 5 | Tel. 017 54 67 10 | Fax 017 54 67 18 | www.comune.saluzzo.cn.it

ZIELE IN DER UMGEBUNG

ABBAZIA DI STAFFARDA [127 D3]

1135 stifteten die Saluzzeser Markgrafen diese knapp 10 km nördlich von Saluzzo gelegene Zisterzienserabtei. Das hervorragend erhaltene Kloster (heute ein großes Landgut) ist eine kleine, stille Welt für sich. Hinter der Kirche, einer Basilika, die in der für die Zisterzienser typischen ruhigen und klaren Linienführung (12. Jh.) gehalten ist, staffeln sich drei Höfe. Der äußerste – die *foresteria* – war mit seinem zweischiffigen Speisesaal vor allem für die Versorgung der Pilger angelegt. Dahinter tat sich der Hof der Laienbrüder auf, während der dritte Hof allein den Mönchen vorbehalten war. Er umschließt einen hinreißend schönen Gartenkreuzgang, in dem Rosen blühen. *April–Okt. Di–So 8.30–12.30 und 14.30–17.30 Uhr | 5,20 Euro*

MANTA ★ [127 D3]

Das *Castello di Manta (Di–So 10–18 Uhr | 5 Euro | www.fondoambiente.it)* 5 km südlich gehörte zu den Festungen, mit denen die Saluzzeser Markgrafen ihr Territorium zu sichern suchten. Eine Vorstellung vom höfischen Leben im 15. Jh. erhält, wer sich im gotischen Festsaal des

> RENNRADLER

Sonntags sind die bunten Rudel unterwegs

Zu Radfahrern haben italienische Autofahrer ein, wie es scheint, gespaltenes Verhältnis. Begegnen sie Radfahrern in der Großstadt, verhalten sie sich, als wären sie nicht vorhanden, bremsen sie aus, schneiden ihnen den Weg ab. Wie umgewandelt dagegen das Verhalten, wenn sie sonntags bei einem Landausflug auf ein Rudel bunt gekleideter Rennradler treffen. Diesen zuckeln sie so lange klaglos hinterher, bis sich genug Platz zum gefahrlosen Überholen bietet. Sie hupen nicht, sie schimpfen nicht, sie gehen kein Risiko ein. Die Radler fahren entsprechend sorglos auch zu dritt nebeneinander. Dies ist eine doppelte Aufforderung. Erstens: Fahren Sie in Turin besser nicht Rad! Zweitens: Begegnen Sie den Rennradlern mit großem Respekt!

Schlosses in die Fresken vertieft: Der Zyklus enthält Szenen aus dem Ritterepos „Le Chevalier Errant", geschrieben vom Universaltalent Markgraf Tommaso III. An der anderen

Wellness und Körperkult im 15. Jh.: Freskenzyklus „Jungbrunnen" im Castello di Manta

Saalwand sind Szenen der beliebten Jungbrunnenallegorie zu bewundern: Wacklige Greise in Unterwäsche schieben sich mit letzter Kraft über den Brunnenrand, um als neugeborene Jungspunde umgehend wieder das amüsante Ritterleben aufzunehmen … Die um 1440 entstandenen Fresken zählen zu den bedeutendsten der internationalen Gotik.

Auf halber Höhe zwischen Poebene und alpiner Bergwelt speist es sich köstlich und aussichtsreich in der *Osteria San Bernardo (Di/Mi geschl. | Via San Bernardo | Tel. 017 58 58 22 | €–€€)* im nahen *Verzuolo,* wo mit *agnolotti,* geschmortem Ochsen und unvergesslichen gefüllten Pfirsichen solide piemontesische Küche auf den Tisch kommt.

WESTLICHE ALPENTÄLER

Eine Stunde mit dem Auto, und schon ist man mittendrin in der schönsten Bergwelt. Die Nähe zu den Alpen hat viele Turiner dazu bewogen, sich in den Tälern westlich der Stadt eine Ferienwohnung zuzulegen. Erfrischende Kühle im Sommer, beste Schneeverhältnisse im Winter und viel unberührte Natur – das sind nur einige der Argumente, die für die Täler von Susa, Chisone und Pellice sprechen. Doch auch wer

Spuren der Geschichte sucht, Burgen und Befestigungen zumal, kommt in dieser Gegend nicht zu kurz.

PARCO NAZIONALE DEL GRAN PARADISO [123 D5]

Die Regionen Aostatal und Piemont teilen sich diesen 1922 gegründeten, 450 km² großen Nationalpark. In seiner Mitte ragt der Gran Paradiso empor, 4061 m hoch und der am leichtesten zu besteigende Viertausender der Alpen. Der Park gilt als Dorado für die raren Steinböcke; diese wurden bereits 1821 durch ein Dekret des savoyardischen Königshauses, das hier zu jagen pflegte, unter Schutz gestellt. Aber auch andere seltene Tierarten wie Gämsen, Murmeltiere, Hermeline und Steinadler sind hier heimisch. Die Landschaft ist überaus reizvoll; einige eiskalte Bergseen laden zur Erfrischung, und selbst Gletscher hat der Park zu bieten – ein Neuntel seiner Oberfläche ist vom ewigen Eis bedeckt.

Dank dem noch aus Savoyerzeiten erhaltenen Netz an Jagdwegen und Hütten kommt man recht problemlos auch in höhere Regionen. Zugang zum Park finden Sie in den Ortschaften *Ronco, Ceresole Reale* und *Noasca,* Auskunft erteilt die *Ente Parco Nazionale del Gran Paradiso (Tel. 01 18 60 62 33 | www.pngp.it),* die im Sommer auch geführte Wanderungen anbietet.

VAL DEL CHISONE [126 B–C2]

Der Name dieses Tals ist bislang kaum ins Ausland gedrungen, doch eine hier in luftiger Höhe angesiedelte Ortschaft genießt mittlerweile Weltruhm: *Sestriere* (870 Ew.), die von Fiat-Gründer Giovanni Agnelli in den Dreißigerjahren des 20. Jhs. in gut 2000 m Höhe aus dem Boden gestampfte Skistation, in der viele Turiner eine Ferienwohnung besitzen. Bei den Olympischen Winterspielen 2006 wurden hier die alpinen Skiwettbewerbe ausgetragen.

Der Weg ist das Ziel: Wandern im Parco Nazionale del Gran Paradiso

Wahrzeichen des Orts sind die runden Hoteltürme, darunter die beiden des Club Med; doch die restliche Bebauung, brutal in die Landschaft geklotzte Hotelkästen, ist nichts für Ästheten. Auskunft: *Via Louset | Tel. 01 22 75 54 44 | Fax 01 22 75 51 71 | www.montagnedoc.it*

Skifahrern mit romantischem Naturell sei dagegen das alte, gewachsene *Cesana* mit seiner romanischen Kirche *San Giovanni Battista* empfohlen (man beachte das Delphinfries über dem Portal!). In Cesana gibt es per Lift einen bequemen Seiteneinstieg in Sestrieres Skigebiet Via Lattea. Zimmer finden Sie im gemütlichen *Agriturismo La Gerla (4 Zi. | Fenils 86 | Tel. 34 79 81 20 22 | Fax 012 28 94 00 | €),* wo man auf Vorbestellung auch essen kann. Eleganter Insider Tipp geht es in der *Locanda di Colomb (Mo geschl. | Champlas Seguin | Tel. 01 22 83 29 44 | €€)* zu, wo man die Wahl zwischen Eisbein (!) und Wildschwein mit Preiselbeeren hat.

Zu den Höhepunkten einer Fahrt durch die Val del Chisone gehört die ★ *Festung von Fenestrelle,* deren gigantische Ausmaße unvorbereitete Reisende geradezu erschrecken können. Erbaut im 18. Jh. von den damals das Tal besetzt haltenden Franzosen, zieht sich das Wehr (nach der chinesischen Mauer das zweitgrößte Mauerwerk der Welt!) 3 km lang und 635 Höhenmeter den Berg hinauf. Die Anlage besteht aus verschiedenen Forts, verbunden durch den berühmten „Treppentunnel" mit 3850 Stufen *(verschiedene Rundgänge | nur auf Vorbestellung unter www.fortedifenestrelle.it | ab 5 Euro).* Mit dem Bau von Fenestrelle haben die Franzosen zweifellos übertrieben, aber man muss sich auch vor Augen halten, dass immer wieder Kriegsheere über die Westalpen zogen und die Passtäler deshalb zu schützen waren. Über den Montgenèvrepass und die Val del Chisone waren vermutlich schon Hannibal und seine Elefanten nach Italien gelangt.

Friedlicher präsentiert sich der kleine Bergsee *Lago Laux,* romantisch am Rand des *Naturparks Orsiera-Rocciavrè* gelegen. Im Hotelrestaurant *Albergo Lago Laux (7 Zi. | Mi, im Winter auch Di geschl. | Via al Lago 7 | Usseaux | Tel./Fax 012 18 39 44 | www.hotellaux.it | €€)* direkt am See isst man köstliche Polenta und Forellen und schläft in gemütlichen Zimmern.

VAL PELLICE [126–127 C–D 2–3]

Die Bekanntheit der Val Pellice hat religiöse Gründe: Hier lebt die größte Gemeinde der Waldenserkirche, einer protestantischen Glaubensgruppe, deren Wurzeln auf das Jahr 1170 zurückgehen. Damals gründete Petrus Waldus aus Lyon seine Laienpredigergruppe. Diese vertrat ein auf freiwilliger Armut basierendes Lebenskonzept, lehnte die kirchlichen Sakramente, den Ablass und die Heiligenverehrung ab und wurde, nicht weiter überraschend, von Rom hart verfolgt. Auf der Flucht vor der Inquisition siedelten sie sich ab dem 14. Jh. in der Val Pellice an, wo bis heute rund 30 000 Gläubige leben. Die Spuren waldensischer Kultur im Tal sind nicht zu übersehen. Die Dörfer strahlen eine solide, nüchterne Ordnung aus, und aus den Kirchenbauten spricht große Bescheidenheit.

Im Hauptort *Torre Pellice* (4600 Ew.) bietet das *Museo Storico Valdese (Do, Sa und So 15–18 Uhr)* einen guten Einblick in Geschichte und Kultur der Waldenser. Auch die *Waldenserkirche* von 1852 lohnt einen Blick: Der klare, sparsam geschmückte Innenraum hat etwas spürbar Befreiendes.

Von Torre Pellice führt nördlich ein kleines Seitental nach *Angrogna* mit der ältesten Waldenserkirche. Sie wurde mehrmals zerstört und wieder aufgebaut. Von der protestantischen Genügsamkeit der Waldenser darf man übrigens keineswegs auf langweilige Speisen schließen: Das Restaurant *Flipot (Mo/Di geschl. | Corso Gramsci 17 | Tel. 01 21 95 34 65 | Fax 012 19 12 36 | www.flipot.com | €€€)* in Torre Pellice, in dem u. a. phantasievoll abgeänderte waldensische Gerichte wie die *supa barbetta,* eine nahrhafte Fleisch-Brot-Käse-Suppe, zubereitet werden, hat zwei Michelinsterne! Es gibt auch acht Gästezimmer im Haus.

VAL DI SUSA [126–127 B–D1]

Der tiefe Einschnitt zwischen zwei Bergrücken, der bei Avigliana den Eingang in die Val di Susa markiert, ist bei klarem Wetter von Turin aus deutlich zu erkennen. Das Susatal ist seit jeher als Durchgangstal nach Frankreich bedeutungsvoll; seit 1871 gelangt man bequem durch den Fréjustunnel hinüber. *Avigliana* am Taleingang ist ein hübsches Städtchen mit gut erhaltenem mittelalterlichem Zentrum (sehenswert *Via Umberto* und *Piazza Conte Rosso* mit ihren gotischen Bürgerhäusern sowie die romanisch-gotische Kirche *San Pietro*).

Von hier aus führt eine Straße zwischen zwei kleinen (leider ziemlich verschmutzten) Seen auf den Gipfel des 962 m hohen *Monte Pirchiriano*

> BÜCHER & FILME

Lektüre und Filme zum und aus dem Piemont

> **Die Sonntagsfrau** – Die Verhältnisse in Turin hat niemand derart treffend und komisch beschrieben wie das heimische Autorenduo Carlo Fruttero und Franco Lucentini in diesem spannenden Roman.

> **Junger Mond** – Melancholischer geht es im Werk Cesare Paveses zu, der in seinem Roman schildert, wie ein Auswanderer in die Hügel der Langhe zurückkehrt.

> **Der Steingänger** – So karg und intensiv wie die Landschaft der Val Maira ist die Sprache des jungen Davide Longo in seinem Gebirgsdrama.

> **So haben wir gelacht** – In Turin stand die Wiege des italienischen Kinos, und nach langer Pause wird die Stadt wieder intensiv für Dreharbeiten genutzt. Nach Dario Argentos Gruselklassiker „Profondo Rosso" drehte Gianni Amelio in Turin seinen eindringlichen Film über zwei sizilianische Brüder, die ins Fabrikenturin der Fünfzigerjahre auswandern.

> **Elisa di Rivombrosa** – Ein Riesenerfolg war die 52-teilige historische Seifenoper, die im Schloss von Agliè gedreht und auch in Deutschland ausgestrahlt wurde.

und zu einem der größten sakralen Bauwunder Norditaliens, der ★ *Sacra di San Michele.* Eine 1000-jährige Abtei, die rund 700 m über dem Talgrund auf einem Felsgrat steil in

Seit einem Jahrtausend erhebt sich die Sacra di San Michele über dem Susatal

den Himmel ragt. „Mont St-Michel von Italien" wird die Abtei gern genannt. Wie ein Wehr gegen alle aus dem Tal, aus dem Westen kommenden Gefahren wirkt sie auf den Besucher. Im 12. Jh. entstand hier ein Benediktinerkloster (mit ausgesprochen kampfeslustigen Mönchen) mit zugehöriger Kirche, die in einer architektonischen Meisterleistung den gesamten Berggipfel umschließt *(Di bis So 9–12 und 15–18 Uhr | 4 Euro | www.sacradisanmichele.com).*

Weiter auf dem Weg gen Westen kommt man in *Exilles* an einer alten, im 17. Jh. stark ausgebauten Festung vorbei, die bis 1943 „in Betrieb" war. Am meisten touristischer Rummel herrscht in *Sauze d'Oulx* (1509 m) und in *Bardonecchia* (1312 m). Während Bardonecchia mit seinen zahlreichen neuen Apartmenthäusern beinahe städtisch wirkt, hat sich Sauze seinen dörflichen alten Ortskern bewahrt. Beliebt ist es bei Wanderern und Skifahrern – die Pisten gehören zum großen Skigebiet Via Lattea. Das schönste Hotel in Sauze ist das *Grand Hotel Besson (44 Zi. | Via del Rio 15 | Tel. 01 22 85 97 85 | Fax 01 22 85 95 15 | www.grandhotelbesson.it | €€€),* eine sehr schick und modern umgebaute Exferienkolonie. Das Spa mit Meerwasserpool und Iglu sucht seinesgleichen. Insider Tipp

> DAS MEER DER TAUSEND HÜGEL

Zwischen Po und Apennin schlägt das weinselige Herz des Piemont

> Das Monferrato ist das Herz des Piemont: eine ausgedehnte Hügellandschaft, im Norden vom Po begrenzt, die sich über die Langhe weit nach Süden bis zum Apennin erstreckt.

Das Auge sieht sich nicht so schnell satt an seiner Schönheit – zu stimmungsvoll präsentieren sich die endlosen Hügelketten, die aussichtsreich gelegenen, mittelalterlichen Dörfer, Burgen und Barockkirchen, die unzähligen Weinstöcke, die die Hänge hinaufwachsen. Aber auch die Städte – Alba und Asti, Casale und Acqui Terme – bieten reichlich Kunstgenuss und Atmosphäre.

ACQUI TERME

[128 C4] Ligurien ist nicht mehr weit, das spürt der Besucher auf Schritt und Tritt in Acqui (20 000 Ew.): Auf den Plätzen und in den Gassen des mittelalterlichen Zentrums, das den Hügel zum Castello dei Pa-

Bild: Hügellandschaft in den Langhe bei Serralunga d'Alba

MONFERRATO UND LANGHE

leologhi hinaufwächst, herrscht mediterraneres Flair als irgendwo sonst im Piemont. Acqui gilt als die Geburtsstadt des piemontesischen Fremdenverkehrs, denn bereits zu Zeiten der Römer war das Städtchen „Aquae statiellae" seiner heiß sprudelnden Heilquellen wegen die führende Kuradresse der Gegend. Auch heute noch prägt der Bäderbetrieb das Stadtbild. Jenseits des Flüsschens Bormida zeugen die Reste eines gewaltigen Aquädukts von der römischen Vergangenheit Acquis; im Stadtzentrum selbst dominieren Romanik und Barock.

SEHENSWERTES

BASILIKA SAN PIETRO

Der sehr schön gegliederte und von einem achteckigen Glockenturm gekrönte Bau aus der Frühromanik wurde 1960 originalgetreu restauriert. San Pietro war die erste Kirche Acquis. *Piazza Addolorata*

ACQUI TERME

BRUNNENHÄUSCHEN

Das Brunnenhäuschen in der *Via Saracco,* in dem dampfend und unter Schwefelgestank die 75 Grad heiße Quelle *La Bollente* entspringt, ist klassizistisch, sieht aber gerade deshalb so aus, als stamme es noch aus römischer Zeit. Darunter liegen – bislang unzugänglich – die *Mosaikfußböden* der alten römischen Thermen verborgen.

75 Grad heiß sprudelt das Wasser aus der Quelle La Bollente in Acqui

DOM SANTA MARIA ASSUNTA

Der massige romanische Dom wurde im 11. Jh. erbaut und im Lauf der Zeit zahlreichen „Modernisierungen" unterzogen. Aus der Romanik sind drei halbrunde Apsiden, das Querschiff, der Glockenturm und die sechsschiffige, säulengestützte Krypta erhalten. Dort ruhen die Gebeine des hl. Guido. *Tgl. 7–12 und 15.30–18, Krypta nur 16–18 Uhr | Piazza del Duomo*

MUSEO ARCHEOLOGICO FERRARI

Im mächtigen, die Stadt überragenden Castello dei Paleologhi (11. Jh.) breitet das archäologische Museum der Stadt seine Funde aus römischer Zeit aus, darunter sehr gut erhaltene Stelen und Bronzestriegel, mit denen sich Gladiatoren den Schweiß abzuwischen pflegten. *Mi–Sa 9.30–12.30 und 15.30–18.30, So 15.30–18.30 Uhr | 6 Euro | Via Domenico Barone*

ESSEN & TRINKEN

DA BIGÂT

Die Küche bewegt sich, wie Acqui selbst, in piemontesisch-ligurischem Grenzgebiet. Man kann ligurische *fa-*

rinata probieren, knusprige Fladen aus Kichererbsenmehl, aber auch Stockfisch oder Polenta. Herzliche Atmosphäre und günstige Preise. *So-Mittag und Mi geschl. | Via Mazzini 32 | Tel. 01 44 32 42 83 |* €

IL CORVO ▶▶

Ligurische Fischküche gibts zwar auch, aber wir mögen den „Raben", weil man dort später am Abend richtig guten Livejazz hören kann. *So/Mo geschl. | Via Manzoni 38 | Tel. 33 88 96 81 82 |* €–€€

Insider Tipp

ENOTECA LA CURIA

Gewölbedecken aus Backstein, weiß gedeckte Tische und viele, viele gute Flaschen: Bei den Signori Bernaschina kommt erstklassige piemontesische Küche auf den Teller. Beliebter Treffpunkt auch zum Aperitif. *Mo geschl. | Via alla Bollente 72/74 | Tel. 01 44 35 60 49 |* €€

Insider Tipp

EINKAUFEN

ENOTECA REGIONALE

In den alten Kellergewölben des *Palazzo Robellini* aus dem 11. Jh. kann man Weine der Region verkosten und kaufen, z. B. den Bracchetto d'Acqui. *Mo geschl. | Piazza Levi*

ÜBERNACHTEN

RELAIS DELL'OSSO

Drei geschmackvoll eingerichtete Zimmer in einem historischen Altstadtpalazzo. Mit Restaurant. *Via dei Dottori 5 | Tel. 014 45 68 77 | Fax 01 44 32 63 66 | www.osso.it |* €

SPORT

PISCINA ESTIVA

Riesiges Schwimmvergnügen in den beiden 60 m breiten Becken dieses Freibads aus den Dreißigerjahren. Zusammen sind sie 125 m lang! *Juni–Sept. tgl. 8.30–18.30 Uhr | Viale Acquedotto Romano | ab 6 Euro*

AUSKUNFT

Via Manzoni 34 | Tel. 01 44 32 21 42 | Fax 01 44 32 90 54 | www.acquiterme.it

ZIELE IN DER UMGEBUNG

GAVI [129 D3–4]

Nur knapp 5000 Ew. und 40 km östlich von Acqui am äußersten Südostrand des Piemont gelegen – doch jeder kennt Gavi wegen des gleichnamigen, aus der Cortesetraube gewonnenen Weißweins. Dabei hat Gavi, dessen ligurische Atmosphäre aus 600 Jahren genuesischer Herrschaft

MARCO POLO HIGHLIGHTS

★ Abbazia di Santa Maria di Vezzolano
Das eindrucksvollste Beispiel für romanischen Kirchenbau im Monferrato (Seite 77)

★ Asti
Die wunderschöne, mittelalterlich-barocke Altstadt lässt die Gegenwart vergessen (Seite 74)

★ Alto Monferrato
Wild, waldig und voller Schluchten – die Hügellandschaft im Südosten bei Ovada (Seite 68)

★ Markt in Alba
Jeden Samstag spiegelt sich hier höchst appetitanregend das Landleben in den Langhe wider (Seite 71)

rührt, einiges mehr zu bieten. Ein gewaltiges *Kanonenfort* z. B., das die Genueser im 17. Jh. zur Sicherung der Verbindungswege in die Poebene erbaut haben. In der romanischen Pfarrkirche *San Giacomo* gibt es gotische Fresken zu sehen und ein Renaissancemadonnenbild von Gandolfino d'Asti.

Designermode mit bis zu 70 Prozent Rabatt gibts im nahen Serravalle Scrivia im riesigen *Factoryoutlet (tgl. 10–20 Uhr | an der SS 35 bis zwischen Serravalle und Novi Ligure | www.mcarthurglen.it).* Wenige Kilometer weiter nördlich, in *Novi Ligure,* wird es sportlich: In einer 3000 m² großen ehemaligen Fabrikhalle wurde das Insider Tipp *Museo dei Campionissimi (Fr 15–20, Sa/So 10–20 Uhr | Viale dei Campionissimi | 7 Euro)* eingerichtet, das dem Radsport und den beiden lokalen Radrennhelden Fausto Coppi und Costante Girardengo gewidmet ist.

Zum Übernachten fährt man am besten in das romantische Landhaus Insider Tipp *La Traversina (2 Zi., 3 Apartments | Cascina Traversina | Tel./Fax 014 36 13 77 | www.latraversina.com | €€)* von Rosanna und Domenico nach *Stazzano,* wo Kletterrosen, schlafende Katzen und gemeinsame Abendessen am langen Tisch für Atmosphäre sorgen.

OVADA [129 D4]

Das kleine Handels- und Wirtschaftszentrum des Orbatals (12 000 Ew.) liegt 24 km südöstlich von Acqui verkehrsgünstig zwischen Genua und Alessandria und besitzt eine pittoreske, hoch über dem Fluss gelegene Altstadt. Sehenswert ist neben dem *Oratorio dell'Annunziata* (Triptychon aus dem 13. Jh.) und dem *Palazzo Spinale* mit einer ansehnlichen Gemäldesammlung vor allem die Umgebung: Westlich der Orba gibt sich das ★ Alto Monferrato besonders schluchtenreich und regelrecht wild. Ein lohnender Ausflug führt in das hübsche Bergstädtchen *Rocca Grimalda* (5 km nördlich) mit *castello* und schöner Aussicht und von dort zum Weingut des ehemaligen Josephine-Baker-Klarinettisten Pino Ratto, der einen außerordentlichen Dolcetto di Ovada anbaut *(Scarsi Olive | Ortsteil San Lorenzo | Rocca Grimalda | Tel. 01 43 83 18 88).*

ALBA

[128 B3–4] Die „Hunderttürmige" hat man die im breiten Tanarotal von den Rö-

mern angelegte Stadt einmal genannt. Heute sind nur noch 20 dieser Geschlechtertürme genannten Prestigesymbole reicher Adelsfamilien erhalten, doch das sind immer noch genug, um einen Eindruck zu vermitteln von der mächtigen, selbst verwalteten Stadtrepublik, die Alba im Mittelalter war. Auch das fast kreisrund angelegte historische Zentrum (die Stadtmauer steht nicht mehr) hat viel von seinem altertümlichen Charakter bewahrt, was aber nicht heißen soll, dass das 30 000-Ew.-Städtchen außer altem Gemäuer nichts zu bieten hätte. Weine, Trüffeln und gutes Essen ziehen Touristen aus aller Welt nach Alba, vor allem im Oktober, wenn hier die wichtigste Trüffelmesse des Landes stattfindet *(www.fieradeltartufo.org)*. Von beschaulichem Mittelalter ist dann in den sonst so idyllischen Gassen, Arkadengängen und Plätzen nicht mehr viel zu spüren.

SEHENSWERTES

ALTSTADT

Mittelpunkt Albas damals wie heute ist die pittoreske *Piazza Risorgimento* mit Dom und Rathaus, an der sich die beiden Hauptstraßen der Altstadt treffen, *Via Cavour* und *Via Vittorio Emanuele II.* In der Via Cavour stehen, eng zusammengedrängt, noch viele mittelalterliche Häuser und Paläste, einige turmbewehrt, mit typischen Bogengängen. Sehenswert sind die *Loggia dei Mercanti* (Nr. 5) mit ihrem prächtigen Terrakottafries sowie, an der nahen *Piazza Pertinace,* die *Casa Diretti* (Nr. 2), ein gotischer Palazzo aus dem 14. Jh. mit Bogenfenstergalerien. Auch durch die *Via Vittorio Emanuele II* weht

Abendbummel in der Stadt der dollen Knollen: Piazza Risorgimento in Alba

sichtbar der Geist der Geschichte (beachten Sie den Renaissancefries an der *Casa Fontana,* Nr. 11, oder den *Palazzo Conti Belli,* Nr. 18), doch eigentlich steht hier anderes im Blickpunkt: die verführerischen Schaufenster der zahlreichen Delikatessenläden! Selbst der Hof der arg überladenen Barockkirche *Santa Maria Maddalena* (Nr. 21) dient der Feinschmeckerei – hier findet im Herbst der Trüffelmarkt statt.

DOM SAN LORENZO

Die bei einem Umbau vorgeblendete Backsteinfassade ist gerade mal 100 Jahre alt und böte wenig Spektakuläres, wenn nicht die drei aus der Entstehungszeit der Kirche (12. Jh.) übernommenen romanischen Portale mit ihren figurativen Kapitellen wären. Dreimal ist der Dom völlig umgebaut worden, was sein etwas zusammengeflicktes Erscheinungsbild erklärt: zum gotisch-lombardischen „Schnitt" ein Marmoraltar aus der Frührenaissance, das rechte Querschiff ganz barock und ein Glockenturm mit spätromanischen Doppelfenstern. Wirklich schön sind die 35 holzgeschnitzten Chorstühle mit Szenen aus dem weltlichen und religiösen Leben, geschaffen im 16. Jh. von Bernardino Fossati. *Zzt. wegen Renovierung geschl. | Piazza Duomo*

MUSEO CIVICO FEDERICO EUSEBIO

Die in einem ehemaligen Kloster untergebrachten Sammlungen lohnen sich vor allem der Funde aus der Römerzeit wegen. Amphoren belegen: Schon den alten Römern, die Alba gründeten, schmeckte der hiesige Wein! *Di–Fr 15–18, Sa/So 9.30 bis 12.30 und 15–18 Uhr | 4 Euro | Via Paruzza 1 a*

SAN DOMENICO

Ein gotischer Backsteinbau von schlichter Eleganz, dessen eindrucksvoller dreischiffiger Innenraum noch Reste von Fresken aus dem 16. Jh. aufweist. Der lichtdurchflutete Raum mit seinen Rundpfeilern hat Napoleons Soldaten auf ganz besondere Weise inspiriert – sie stellten hier ihre Pferde unter. Gottesdienste finden in der Kirche nicht mehr statt, dafür profitieren Theateraufführungen und Konzerte vom einmaligen Ambiente. *Tgl. 7–12 und 15–18.30 Uhr | Via Calissano*

ESSEN & TRINKEN

ANTICO CAFFÈ CALISSANO

An der schönsten Theke Albas, zwischen vergoldetem Stuck, viel Messing und alten Spiegeln, nimmt man stilvoll den Aperitif. *Mi geschl. | Piazza Duomo 3*

OSTERIA DELL'ARCO

In diesem Lokal hat die Slow-Food-Bewegung Gestalt angenommen. Das heißt: beste Zutaten aus der Region, kein Schnickschnack in der Küche, dafür eine fabelhaft sortierte Weinkarte und … Minzbavaroise mit Schokosauce zum Dessert! *So/Mo geschl. | Piazza Savona 5 | Tel. 01 73 36 39 74* | €–€€

LALIBERA ▶▶

Modern eingerichtetes Lokal, in dem ein flottes Publikum piemontesische Klassiker verzehrt. Besonders gut die Fleischgerichte wie Essighähnchen und Lammkeule. Schick! *Mo-Mittag und So geschl. | Via Pertinace 24 a | Tel. 01 73 29 31 55 |* €€

LOCANDA DEL PILONE

Elegante Adresse in den Weinbergen. Gekocht wird vermeintlich Schlichtes – wie Ravioli mit Steinpilzen – auf sehr hohem Niveau. Weitere Pluspunkte: die schöne Aussicht und die sechs gemütlichen Gästezimmer. *Mi-Mittag und Di geschl. | Ortsteil Madonna di Como 34 | Tel. 01 73 36 66 16 |* €€€

EINKAUFEN

Samstags ist ★ *Markt* in Alba, und in der Altstadt drängelt sich so ungefähr alles, was in den Langhe wohnt und arbeitet, um sich mit Eisenwaren und Sardinen, Geflügel und Landmaschinen, lebenden Forellen, Seife und offenem Wein einzudecken. Nicht versäumen!

Wein kauft man in der *Enoteca Fracchia (Via Vernazza 9)* oder bei *I Piaceri del Gusto,* das gleichzeitig auch als Buchhandlung fungiert *(Via Vittorio Emanuele II 23).* Das traditionsreichste Geschäft für Trüffeln ist *Tartufi Ponzio* in der *Via Vittorio Emanuele II 26,* aber auch bei *Morra (Piazza Pertinace 3)* gibt es nur erstklassige Ware. Den besonders aromatischen *Torrone di Alba* von Relanghe, hergestellt mit der berühmten piemontesischen Haselnuss *tonda gentile,* gibt es bei *Peccati di Gola (Via Cavour 11),* wo man auch die unvergleichlich guten Zitrusmarmeladen der Marke *Caffè Sicilia* findet.

Nicht nur Trüffeln, auch die prächtigen Steinpilze sind legendär im Piemont: Markt in Alba

ÜBERNACHTEN

AGRITURISMO LA MERIDIANA

Sogar Schwimmbad und Bogenschießen gibt es in dieser grünen Oase oberhalb Albas. *7 Zi. | Ortsteil Altavilla 9 | Tel./Fax 01 73 44 01 12 | www.villalameridianaalba.it* | €€

CASA NICOLINI

Netter Weinhof in den Weinbergen von Barbaresco. Günstige Zimmer, Pool und abends solide Küche im Restaurant. *3 Zi. | Via Rio Sordo 33 | Barbaresco | Tel./Fax 01 73 63 81 39 | www.casanicolini.com* | €

PALAZZO FINATI

Elegant drapierte Stoffe unter freskierten Decken: Die Zimmer in diesem aufwendig restaurierten Palazzo im historischen Zentrum verbinden guten Geschmack mit viel Komfort. *9 Zi. | Via Vernazza 8 | Tel. 01 73 36 63 24 | Fax 017 33 38 36 | www.palazzofinati.it* | €€€

Insider Tipp SAN LORENZO

Das kleine Haus gleich hinterm Dom vermählt historischen Charme gekonnt mit modernem Styling. Geräumige Zimmer, an den Wänden viel Kunst. *11 Zi. | Piazza Rossetti 6 | Tel. 01 73 36 24 06 | Fax 01 73 36 69 95 | www.albergo-sanlorenzo.it* | €€

AUSKUNFT

Piazza Risorgimento | Tel. 017 33 58 33 | Fax 01 73 36 38 78 | www.langheroero.it

ZIELE IN DER UMGEBUNG

BRA [128 A3]

Nicht mit Sehenswürdigkeiten ist das 28 000-Ew.-Städtchen gut 15 km westlich im Roero berühmt geworden, sondern als Hauptstadt des Genusses: Bra ist Sitz von Slow Food *(www.slowfood.it)*, der 1986 von Carlo Petrini gegründeten Vereinigung für bewusstes Essen und Trinken, die sich für den Erhalt kulinarischer Traditionen, lokaler Produkte und biologischer Vielfalt starkmacht. Außerdem nimmt die Stadt teil am Projekt „Slow City": In ihren Mauern gibt es weniger Autoverkehr, weniger Lärm und in den Ladenzeilen praktisch keine Kettengeschäfte. In ungeraden Jahren findet in Bra die von Slow Food veranstaltete Käsemesse *Cheese* statt, während das Kurzfilmfestival ▶▶ *Corto in Bra* alljährlich im April über die Bühne geht (Thema: Essen im Film).

Wer in Bra Appetit bekommt, was nicht verwunderlich wäre, sollte ihn in der *Osteria Boccondivino (So/Mo geschl. | Via Mendicità Istruita | Tel. 01 72 42 56 74* | €–€€) stillen und dabei unbedingt die berühmte lokale Wurst *salsiccia di Bra* (Insider Tipp) probieren, vielleicht als *sugo* auf den hausgemachten *tajarin*.

CHERASCO [128 A4]

Napoleon, der hier einmal übernachtete, soll das 20 km westlich von Alba gelegene Cherasco als schönsten Ort Italiens bezeichnet haben. Einheimische dagegen pflegen von Cherasco als einer noblen alten Dame zu sprechen, die schon bessere Zeiten gesehen hat. In dem vor rund 750 Jahren schachbrettartig angelegten Städtchen (7000 Ew.) haben sich zahlreiche gotische Häuserzeilen, barocke *Palazzi* und zwei *Triumphbogen* erhalten, zum *Castello dei Vi-*

sconti (14. Jh.) zieht sich eine herrliche Platanenallee hinauf, und mit *San Pietro* besitzt die Stadt eine frühgotische Pfeilerbasilika mit Fresken aus dem 15. Jh.

Cherasco ist außerdem bekannt für seinen *18-Loch-Golfclub (Ortsteil Fraschetta | Tel. 01 72 48 97 72 | www.golfcherasco.com)* und seine schmackhaften Schnecken (der Kongress der Schneckenzüchter tagt am dritten Wochenende im September). Diese und mehr können Sie in der *Trattoria La Torre (Mo geschl. | Via Garibaldi 13 | Tel. 01 72 48 84 58 | €€)* verzehren.

POLLENZO **[128 A3]**

In dem 10 km westlich bei Bra gelegenen Dorf Pollenzo sind die Reste eines römischen Grabmonuments zu sehen. In letzter Zeit aber steuern immer mehr Besucher direkt die weite, kopfsteingepflasterte Piazza Emanuele II am Dorfrand an, um die sich die Pfarrkirche, ein neogotisches, mit Türmchen bewehrtes Schloss sowie die *Agenzia di Pollenzo* gruppieren, allesamt im typischen roten Backsteinlook des Piemont. Neugierig betreten sie das ummauerte Gelände der Agenzia und durchstreifen den Campus.

Campus? Genau: Seit 2004 beherbergt das umgebaute ehemalige landwirtschaftliche Gut die *Università di Scienze Gastronomiche (Tel. 01 72 45 85 11 | www.unisg.it)*. In dem mit Bibliothek, Aulen, topmodernem Equipment und viel Stilgefühl ausgestatteten Bau können Studentinnen und Studenten in einem dreijährigen Studiengang einen Universitätsabschluss in „gastronomi-

Die Triumphbogen in Cherasco hatten es schon Napoleon angetan

schen Wissenschaften" machen. Die Dozenten sind Biologen, Geschichtswissenschaftler, Lebensmitteltechniker, Weinbauern und Foodjournalisten aus aller Welt. Ein spannendes Projekt, das Lust weckt, sich auf der Stelle einzuschreiben.

In der Agenzia di Pollenza gibt es aber noch mehr zu entdecken: Da ist einmal die *Banca del Vino,* in der die besten Etiketten italienischer Winzer gelagert werden. Dann das Restaurant *Guido (So/Mo geschl. | Tel. 017 24 58 22 | €€€),* in dem der Sohn des legendären Küchengroßmeisters Guido Aliciati, unterstützt von zwei weiteren Chefs, traditionelle Spezialitäten der Langhe und kreative Fischgerichte kunstvoll zubereitet. Und schließlich das Hotel *Albergo dell'Agenzia (34 Zi. | Via Fossano 1 | Tel. 01 72 45 86 00 | Fax 01 72 45 86 45 | www.albergoagenzia.it | €€€)* mit seiner hübschen Gewölbehalle und der herrlichen Sicht ins Grüne. In der Suite war übrigens schon Prinz Charles zu Gast!

ASTI

[128 B3] ★ **Es heißt, die Astigiani führen besonders wild Auto – ein Versuch, die in der 70 000-Ew.-Stadt allseits präsente Historie durch flottes Auftreten zu kompensieren?** Tatsache ist: Asti war im Mittelalter die mächtigste und wohlhabendste Stadtrepublik des Piemont, reich genug, um sich von der drohenden Zerstörung durch Kaiser Barbarossa einfach loszukaufen. Das mittelalterliche Stadtbild hat sich im Zentrum wunderbarerweise fast komplett erhalten; nur wenige Barockfassaden „stören" das Bild der Patrizierhäuser, Geschlechtertürme und gotischen Kirchen. Asti ist auch heute noch ein lebhaftes Handelszentrum für landwirtschaftliche Produkte aus der Region, allen voran der Wein. Die herbstliche Weinmesse *Douja d'Or* ist die wichtigste des Piemont – und bester Beweis dafür, dass man mit Asti nicht nur Spumante verbinden darf.

SEHENSWERTES

CORSO ALFIERI

Berühmtester Sohn Astis ist (noch, sollte man sagen, denn der große Sänger und Musiker Paolo Conte macht ihm schwer Konkurrenz) der Tragödiendichter Vittorio Alfieri (1749–1803). Zu Lebzeiten fanden seine vom Tyrannenhass geprägten Dramen wenig Anerkennung; erst im Risorgimento, der italienischen Einigungs- und Freiheitsbewegung des 19. Jhs., wurde der Dichter zum Helden. Nach ihm ist die durch die Altstadt führende Hauptstraße *Corso Alfieri* benannt. Gleich in Nr. 2 (am Ostanfang) steht das achteckige *Battisterio di San Pietro (Di–Sa 10–13 und 15–17, So 10–13 Uhr),* im 12. Jh. erbaut nach dem Vorbild der Grabeskirche in Jerusalem. Jenseits der großen, leider wenig charmanten Piazza Alfieri beginnt das *Recinto dei Nobili,* das ehrwürdige alte Patrizierviertel (auch Blicke in die Seitengassen lohnen sich). Linker Hand an der *Piazza Roma* steht mit der *Torre dei Comentini* (13. Jh.) einer der mittelalterlichen Geschlechtertürme, von denen die Stadt einst 125 besaß. Heute sind es nur noch 20. Jenseits der Via San Martino erreicht man den *Palazzo Ottolenghi,* 1754 erbaut, im

Empirestil eingerichtet und üppig ausgemalt *(Besuch nach Anmeldung | Tel. 01 41 39 94 17)*. Im Haus Nummer 375 wurde Vittorio Alfieri geboren. Der *Palazzo Alfieri* (1738 geschaffen vom Dichtervater, Benedetto Alfieri, einem großen Architekten) ist heute Sitz des Centro Nazionale di Studi Alfieriani sowie des *Museo Alfieriano (wegen Renovierung zzt. geschl.)*. Krönender Abschluss eines Bummels über den Corso Alfieri ist die am Westende gelegene *Torre Rossa,* das älteste Bauwerk der Stadt – der untere Teil stammt aus der Zeit um Christi Geburt und war Teil des ehemaligen westlichen Stadttors.

KATHEDRALE SANTI MARIA ASSUNTA E GOTTARDO

Stilisiertes Weinlaub umrankt die hohen Pfeiler, auf denen die dreischiffige gotische Stufenhalle ruht. Im Volksmund wurde der im 14. Jh. errichtete Dom, eines der wichtigsten gotischen Bauwerke des Piemont, deshalb zu „La Vigna", dem Weinberg. Im Inneren des Doms sind ein frühromanisches und ein gotisches Weihwasserbecken zu bestaunen (Ersteres sitzt auf römischen Kapitellen). Die schlichte Westfassade mit je drei Stufenportalen und Fensterrosen wird übertroffen von der Südfront mit rotweiß gewürfelten Fensterrahmungen und einem üppig dekorierten Portal im Stil der französischen Gotik. *Fr–Mi 8.30–12 und tgl. 15–19 Uhr | Piazza Cattedrale*

SAN SECONDO

Auf der schönen Piazza San Secondo, dem ehemaligen Marktplatz, steht das älteste Gotteshaus der Stadt, im 8. Jh. erbaut, 500 Jahre später allerdings durch die jetzige gotische Stufenkirche komplett ersetzt. Die dreiportalige Fassade ähnelt verblüffend derjenigen der Kathedrale, doch im Inneren hat San Secondo mit barockisierten Seitenkapellen und der sehenswerten frühromanischen Hallenkrypta seinen eigenen Charakter

Über den Corso Alfieri wacht der Namengeber, der berühmteste Sohn Astis

bewahrt. *Mo–Sa 8–12 und 15–19 Uhr | Piazza San Secondo*

ESSEN & TRINKEN

OSTERIA DEL DIAVOLO

Nettes, bei jüngeren Leuten beliebtes Wein- und Esslokal an einer pittoresken Altstadtpiazza. Gekocht wird mit ligurischem Einschlag. *Mo/Di geschl. | Piazza San Martino 6 | Tel. 01 41 66 75 92* | €

GENER NEUV

Das Gener Neuv ist eines der besten Lokale Piemonts. Die Desserts sind von Weltrang. Reservierung unerlässlich! *So/Mo geschl. | Lungo Tanaro 4 | Tel. 01 41 55 72 70 | www.generneuv.it* | €€€

Insider Tipp RISTORANTE VITTORIA

Zehn Minuten außerhalb in *Tigliole d'Asti* verwöhnt Alessandra Strocco ihre Gäste mit frisch verfeinerter, ausgezeichneter Piemontküche – und leckerem Frühstück für alle, die über Nacht bleiben wollen. *So-Abend und Mo geschl. | Via Roma 14 | Tigliole | Tel. 01 41 66 77 13* | €€–€€€

EINKAUFEN

Jeden vierten Sonntag des Monats findet auf der Piazza San Secondo einer der schönsten Antiquitätenmärkte Piemonts statt. Gobelins nach Vorlagen moderner Maler fertigt *Ugo Scassa (Sa/So geschl. | Antica Certosa di Valmanero)*. Im *Caffè Ponchione (Do und So geschl. | Corso Alfieri 149)* kann man exzellenten Kaffee (acht Sorten) trinken und kaufen. Die *Dolciaria Davide Barbero (Sa geschl. | Via Brofferio 84)* Insider Tipp rührt einen süchtig machenden *torrone* an, die *Enoteca La Cantina (Do-Nachmittag geschl. | Via Palio 13)* hat das größte Weinsortiment.

ÜBERNACHTEN

Reizvoller als die Hotels in Asti sind die im Umland gelegenenen *agriturismi*. Eine Auswahl:

Unscheinbar zwischen Wald und Wein liegt die romanische Abtei Santa Maria di Vezzolano

LOCANDA DEL VALLONE
Liebevoll eingerichtetes B-&-B mit blühendem Garten, kleinem Pool und familiärer Atmosphäre 10 km westlich in *Antignano d'Asti. 3 Zi. | Strada del Vallone 9 | Tel./Fax 01 41 20 55 72 | www.locandadelvallone.com | €*

LA VIOLINA
Das alte Landgut 10 km nördlich bei Mombarone zwischen Obsthainen und Weinbergen bietet elegante Zimmer und Salons, Schwimmbad, Sauna und viel, viel Ruhe. *6 Zi. | Tel. 01 41 29 41 73 | www.laviolina.it | €€–€€€*

AUSKUNFT

Piazza Alfieri 29 | Tel. 01 41 53 03 57 | Fax 01 41 53 82 00 | www.terredasti.it

ZIELE IN DER UMGEBUNG

ABBAZIA DI VEZZOLANO **[128 B2]**
Vom Dörfchen Albugnano 40 km nordwestlich von Asti hat man einen schönen Rundblick vom Apennin bis zu den Westalpen – eingeschlossen die einsam gelegene ★ *Abbazia di Santa Maria di Vezzolano,* die man von hier aus in wenigen Minuten erreicht. Was da so bescheiden und eher niedrig zwischen Wald und Weinbergen liegt, gilt als wichtigstes romanisches Bauwerk des Piemont. Das ehemalige Augustinerkloster wurde – so geht die Legende – 773 von Karl dem Großen gegründet; die Kirche errichtete man im 11./12. Jh. Besonders schön sind die Fassade mit ihren über drei Etagen aufsteigenden Wandsäulen (beachten Sie die in den Stein gehauenen, freizügigen Szenen unterhalb der Bogen), der Hauptaltar mit vier Terrakottafiguren (Spätgotik) und ein Kreuzgang mit Fresken aus dem Leben Marias.

Preiswert und gut essen können Sie im *agriturismo*-Betrieb *La Muscandia* im nahen *Pino d'Asti (Mo bis Mi geschl. | Via Maestra 55 | Tel. 01 19 92 54 92 | www.cadelprete.it | €).* Vier wunderschöne Zimmer mit Frühstück in einer mit viel Geschmack renovierten und eingerichteten alten Scheune vermietet die *Cascina Leroasine* *(Ortsteil San Giorgio 63 | Tel./Fax 01 19 87 46 20 | www.cascina-leroasine.org | €)* im nahen *Moncucco Torinese.* Insider Tipp

CANELLI **[128 C3]**
Wer sich vor deutschen Supermarktregalen entsetzt abwendet, sobald er auf Asti-Spumante-Flaschen stößt, kann sich hier eines Besseren belehren lassen. Im knapp 30 km südlich gelegenen Canelli wurde vor ca. 150 Jahren der erste *spumante* Ita-

liens gemacht, und heute ist das 11 000-Ew.-Städtchen Inbegriff für den im Champagnerverfahren gekelterten Asti Spumante und den süßeren, besonders aromatischen Moscato d'Asti. Gelagert werden diese Weine teilweise heute noch in Insider Tipp unterirdischen, in den Tuffstein gehauenen Kellern, *cattedrali* genannt.

COSTIGLIOLE D'ASTI **[128 B3]**
Was lockt Reisende wohl in das kleine, pittoreske Städtchen (6000 Ew.) 15 km südlich von Asti? Natürlich ist es der Anblick der alten, weit verzweigten Ritterburg *La Rocca,* für deren barocken Ausbau Stararchitekt Filippo Juvarra mitverantwortlich zeichnete. Im 19. Jh. dagegen trieb es

Nicht zufällig heißen die unterirdischen Spumante-Keller in Canelli „Kathedralen"

Einige Produzenten ermöglichen den Besuch dieser beeindruckenden Weinwelt unter der Erde, z. B. die *Cantine Bosca (Via Giuliani 21 | Tel. 01 41 96 77 11 | www.bosca.it)* oder die *Cantine Gancia (Corso Libertà 66 | Tel. 01 41 83 02 12 | www.gancia.it),* wo man auch an einer Führung durch den Großbetrieb teilnehmen kann.

eine hier wohnhafte Gräfin so toll mit der innenarchitektonischen Umgestaltung (Einbau von Geheimgängen etc.), dass der Ehemann in Geldnot geriet und verkaufen musste. Heute ist das Schloss Sitz des ICIF, einer Kochschule, in der ausländische Köche mehrmonatige Kurse in *Italian Cooking* besuchen. Die Ausstattung der Lehrküchen in den alten

Gemäuern ist hochmodern, Dolmetscher übersetzen das Küchenitalienisch der Lehrmeister ins Englische oder Koreanische, und irgendwann soll ein Lokal eröffnet werden, in dem die Lehrlinge auch für zahlende Gäste aufkochen. Spannend! Für den kleinen Hunger empfiehlt sich das *Café Roma (Mo geschl. | Piazza Umberto I 14):* Snacks, herrliche Käse und eine Riesenweinauswahl.

MONCALVO **[128 C2]**

Hübsch wächst das verwinkelte Städtchen (3400 Ew.) gut 20 km nördlich von Asti aus einem Bergsattel über dem Sturatal heraus; ganz oben auf der östlichen Anhöhe thronen Reste einer *Festung* mit runden Eckbastionen, die aus dem 14. Jh. stammt. *San Francesco,* die gotische Pfeilerbasilika im Backsteinkleid, wurde inwendig im Stil der Hochrenaissance umgestaltet und mit Bildern des unter Moncalvo firmierenden Guglielmo Caccia ausgeschmückt, ein Manierist, der entscheidend auch bei der Freskierung des nahen Serralunga di Crea mitwirkte. Gourmets ist Moncalvo wegen des Trüffelmarkts Ende November ein Begriff. Charme und piemontesische Countryatmosphäre dominieren im *Relais il Borgo* (Insider Tipp) *(12 Zi. | Cioccaro di Penango | Tel. 01 41 92 12 72 | Fax 01 41 92 30 67 | www.ilborgodicioccaro.com | €€),* einem liebevoll restaurierten Landgut mit Pool und kleinem Restaurant richtig schön zum Entspannen! Es gibt auch Apartments.

ROCCHETTA TANARO **[128 C3]**

Einen guten Vorwand für einen Besuch in dem 10 km östlich von Asti gelegenen Dorf (1500 Ew.) liefert der örtliche Naturpark, wo man eine kleine Wanderung zum Quellgebiet des Flüsschens Canà unternehmen und verschiedene Orchideenarten bewundern kann (Auskunft: *Casa del Parco | Tel. 01 41 59 20 91*). Anschließend darf man dann guten Gewissens das eigentliche Ziel ansteuern: die *Trattoria I Bologna* (Insider Tipp) *(Di geschl. | Via Nicola Sardi 4 | Tel. 01 41 64 46 00 | €€),* in der man in herzlicher Atmosphäre wunderbar isst. Trinken muss man hier den Bricco dell'Uccellone, einen Barbera, den der selige Giacomo Bologna zu einem Spitzenwein gemacht hat. Noch ein Tipp: *La Curiona* (Insider Tipp) *(Besuch jederzeit nach Voranmeldung | Via Bossoleto 3 | Tel. 01 41 64 47 83 | www.rocchettanet.com/curiona)* heißt das schöne, alte Gut, auf dem Mutter und Tochter Beraudo di Pralormo – zwei reizende Damen – über 100 verschiedene Kräuter anbauen und aus selbst gezogenem Obst und Gemüse köstliche Marmeladen und Saucen herstellen.

CASALE MONFERRATO

[128 C2] Aus der Poebene kommend, erreichen Reisende mit Casale das Eingangstor zum Basso Monferrato, das sich südwestlich der Stadt in sanften Hügeln zu wellen beginnt und mit seinen vielen Burgen und Kirchen ein lohnendes Ausflugsziel darstellt. Casale selbst war lange Sitz der Markgrafen des Monferrato, und obwohl diese glorreichen Zeiten längst vorbei sind, hat sich das hübsche Barockstädtchen (38 000

Ew.) einen lebhaften, geschäftigen und ausgesprochen jungen Charakter bewahrt.

SEHENSWERTES

ALTSTADT

Am westlichen Rand der Altstadt duckt sich die *cittadella,* eine Befestigung, die Casale im 15. Jh. vor dem Zugriff der Savoyer bewahren sollte (vergeblich, wie sich zwei Jahrhunderte später herausstellte). Von hier aus ist man mit ein paar Schritten in der Altstadt mit ihren eleganten Barockpalästen und Kirchen, die fast alle im 18. Jh. entstanden, als sich savoyische Adlige um die Stadtverschönerung verdient machten. Eine Vorstellung von diesen Zeiten vermittelt die *Via Mameli,* in der die üppig stuckverzierten Palazzi aufgereiht sind wie Perlen an einer Schnur. Viele der Paläste haben reizvolle Arkadenhöfe.

> LOW BUDGET

- Um den Autoverkehr zu reduzieren, bietet Casale Monferrato seinen Bürgern und Besuchern Leihfahrräder an, auf denen man die Stadt wunderbar erkunden kann – und zwar ganz umsonst! Gegen Vorlage des Personalausweises erhält man den Schlüssel im *IAT-Büro (Piazza Castello | Tel. 01 42 44 43 30 | www.comune.casale-monferrato.al.it).*
- Im Städtchen Murazzone jazzen jedes Jahr Anfang August in stimmungsvoller Atmosphäre bekannte italienische Bands zum Nulltarif unter dem mittelalterlichen Turm im Park des Palazzo Tovegni. *www.promurazzone.it*

DOM SANT'EVASIO

Von ihren Ausmaßen her könnte schon die Vorhalle dieser bedeutenden romanisch-gotischen Basilika aus dem 11./12. Jh. als Gotteshaus durchgehen: Sie zieht sich über die gesamte Breite des Doms und ist von einem gewaltigen Kreuzgewölbe überdacht. Im Kircheninneren herrscht schwere Dämmerstimmung, unterbrochen allein von einem wunderschönen, silberbeschlagenen Kruzifix aus der Frühromanik. *Mo–Sa 8 bis 12 und 15–18, So 9–13 und 14.30 bis 18.30 Uhr | Via Duomo*

MUSEO EBRAICO

Casale besaß einst eine große jüdische Gemeinde. Das jüdische Museum in der ehemaligen Synagoge zeigt u. a. goldene Thorakronen und Gesetzestafeln, aber auch die Toleranzedikte der Gonzaga gegenüber der jüdischen Gemeinde von Casale. *So 10–12 und 15–17 Uhr | sonst nach Anmeldung unter Tel. 014 27 18 07 | Eintritt frei | Vicolo Salomone Olper 44*

SAN DOMENICO

Trotz des Renaissanceportals und des im 18. Jh. barockisierten Chors weiß der Kenner spätestens beim Anblick des blau ausgemalten Rippengewölbes: Spätgotik! Mit dem Bau wurde 1472 begonnen; im Lauf der Jahrhunderte kamen zahlreiche Gemälde hinzu. *Piazza San Domenico*

ESSEN & TRINKEN

LA TORRE

Paolo serviert in seinem eleganten Lokal die einfallsreichen Variationen piemontesischer Küche, die seine

Gewaltig: Kreuzgewölbe in Casale Monferratos Dom Sant'Evasio

Frau Patrizia kreiert – z. B. *fonduta* aus Rascherakäse oder delikates Kaninchencarpaccio. *Di-Abend und Mi geschl.* | *Via Garoglio 3* | *Tel. 014 27 02 95* | *www.ristorante-latorre.it* | €€–€€€

EINKAUFEN

Antiquitäten und Trödel findet man jeden zweiten Samstag und Sonntag im Monat auf dem *Mercato d'Antiquariato (Piazza Castello)*. Jeden dritten Samstag ist *paniere* im Ortsteil *Santa Croce*, ein Ökomarkt für natürliche Produkte. Die berühmten *krumiri* – feine Butterplätzchen, geformt wie der Schnurrbart von König Vittorio Emanuele II – kauft man dort, wo Domenico Rossi sie 1878 erfunden hat: in der *Pasticceria Portinaro* in der *Via Lanza 19*.

ÜBERNACHTEN

CASCINA PELIZZA

Der Bauernhof im Ortsteil Vialarda bietet sechs hübsch eingerichtete Zimmer bei exquisiter Vollpension. *Vialarda 10* | *Tel. 01 42 40 81 30* | *Fax 01 42 40 81 77* | €–€€

SPORT

Kanu- oder Kajak fahren kann man auf dem Po, Rad fahren auf autofreien Wegen an dessen Ufern – zahlreiche Routenvorschläge hält die Touristeninformation bereit.

AUSKUNFT

Piazza Castello | *Tel./Fax 01 42 44 43 30* | *www.comune.casale-monferrato.al.it*

ZIELE IN DER UMGEBUNG

ALESSANDRIA [129 D3]

Die reiche und mächtige Stadtrepublik, die die Stadt Alessandria (90 000 Ew., 30 km südlich von Casale) seit dem Mittelalter darstellte, wurde im 18. Jh. von den eigenen Herrschern – den Savoyern – beinahe dem Erdboden gleichgemacht. Ziel: sie als gigantische Grenzfestung wieder aufzubauen. Nur zwei gotische Kirchen überlebten den großen „Umbau“; im Übrigen prägen heute breite Straßen und weite Plätze das Bild der Provinzhauptstadt. Sehenswert sind neben der *Zitadelle* (1726) mit ihrem verwirrenden Grabensystem die *Piazza Garibaldi* mit schönen Arkadengängen und der barocke *Palazzo Ghilini.*

Zwei prominente Namen sind mit Alessandria verbunden: Da ist der Borsalino, der Hut aller Hüte, der hier seit 1857 hergestellt und im *Museo del Cappello (zzt. wegen Renovierung geschl. | Via Cannoni 100 | Tel. 01 31 28 38 43)* auch ausgestellt wird. Anprobieren und kaufen kann man direkt im Stammgeschäft *(Corso Roma 20).* Und da ist Marengo, das berühmte Schlachtfeld, auf dem Napoleon im Jahr 1800 die Österreicher bezwang. Heute steht im nahen *Spinetta Marengo* das *Museo della Battaglia di Marengo (zzt. geschl. | Via Genova 8 a)* mit Pistolen und anderen Reminiszenzen an die große Schlacht.

Zwei gute Einkehradressen: Im *Ristorante Grappolo (Mo-Abend und Di geschl. | Via Casale 28 | Tel. 01 31 25 32 17 | €€)* gönnen sich die Einheimischen bürgerlich-elegante Küche in historischer Palazzoatmosphäre. Moderner und recht kreativ geht es im *La Fermata (Sa-Mittag und So geschl. | Via Bolla 2 | Spinetta Marengo | Tel. 01 31 61 75 08 | €€–€€€)* in *Spinetta Marengo* zu, wo Gnocchi schon mal mit Seeteufel vermählt werden – köstlich! In dem renovierten Landgut werden auch zwölf sehr schöne Zimmer (€€) vermietet.

Insider Tipp

Wer mit Hüten nichts am Hut hat, kann sich das Hutmuseum an den Hut stecken

Auskunft: *Piazza Santa Maria di Castello 14 | Tel. 01 31 28 80 95 | Fax 01 31 22 05 46 | www.alexala.it*

SERRALUNGA DI CREA **[128 C2]**

Weil auf diesem Hügel 20 km südwestlich von Casale einst der hl. Eusebius Rettung vor seinen Verfolgern fand, entstand hier um 1600 eines der vier großen Bergheiligtümer des Piemont, der *Sacro Monte di Serralunga di Crea.* Zahlreiche Gläubige pilgern nach Crea und beschreiten dort einen Wallfahrtsweg, der an 22 mit Motiven aus dem Marienkult ausgemalten Kapellen (Hochrenaissance) vorbei auf den Gipfel führt. Dort steht Kapelle Nr. 23, ein runder, säulenumstandener Kuppelbau und Endstation für die Wallfahrer, die damit *il paradiso* erreicht haben – so heißt das Kirchlein. Man sieht es auch an der Kuppelausmalung: Maria steigt, von zahllosen Engeln besungen, in den Himmel auf. Übrigens lohnt diese kleine Bergtour auch wegen des traumhaften 360-Grad-Panoramas über Poebene und Monferrato.

Weltlichere Höhenflüge kann man in der nahen *Pasticceria Cerruti* erleben – die zwei Konditorenbrüder haben die berühmte *mousse al grignolino* erfunden und stellen köstliche Schokotrüffeln her *(Mo geschl. | Ortsteil Madonnina 62)*.

VALENZA PO [129 D2]

Obgleich im Besitz einer hübschen Altstadt samt barockem Dom *Santa Maria Maggiore* und achteckigem *Oratorio di San Bartolomeo*, ist das Städtchen (21 000 Ew.) gut 20 km südöstlich am Po vor allem des Goldes wegen berühmt, das hier schon im 16. Jh. im Po gefunden wurde. Das löste die Entfaltung der Goldschmiede- und Juwelierskunst aus, in der Valenza mittlerweile führend in ganz Italien ist. Heute gibt es mehr als 1300 Ateliers, und Schmuck kann man zu vergleichsweise günstigen Preisen einkaufen. Eine beliebte Adresse ist die *Fabbrica dell'Oro (Via Circolazione Ovest 14)*.

VIGNALE MONFERRATO [128 C2]

Einen Ausflug lohnt das hübsche, 20 km südlich auf einem Hügel gelegene Städtchen nicht nur im Juni und Juli, wenn hier das europaweit bekannte Tanzfestival *Vignale Danza* stattfindet, sondern auch für alle, die die Weine der Region kennenlernen möchten: Die *Enoteca Regionale del Monferrato (Mo und Mi–Fr 9–13 und 13.30–16.30, Sa/So 10–12 und 15–19 Uhr | Palazzo Callori)* gibt erschöpfend Auskunft. Wer es hochprozentiger mag, kann in Piemonts ältester Destillerie, der *Antica Distilleria di Altavilla (Altavilla | Ortsteil Cittadella 1 | www.altavilla.com)*, wunderbare Grappas aus Barbera, Grignolino und anderen piemontesischen Trauben erwerben. Ein netter Übernachtungstipp ist das Bed-&-Breakfast *Ca' Magna (Via Sotto Orti 19 | Tel. 33 51 76 23 57 | www.dapaola.it | €)* im Nachbardorf *Camagna*, wo Wirtin Paola auf Wunsch auch Malkurse veranstaltet. Insider Tipp

> TEURE TRÜFFELSUCHER

Ausgebildete Hunde kosten bis zu 15 000 Euro

Trüffeln sucht man rund um Alba nicht mit Schweinen (die fressen die Knollen auf), sondern mit Hunden, auf piemontesisch *tabui* genannt. Als besonders geeignet hat sich die Rasse Lagotto Romagnolo erwiesen, ein Wasserhund von pudelhaftem Äußerem mit feiner Spürnase, der zur Trüffelsuche jedoch erst ausgebildet werden muss. Versteht er sich dann auf seinen Job, steigt sein Marktwert ungeheuer – bis zu 15 000 Euro ist er dann wert. Die Investition amortisiert sich jedoch schnell, wenn man bedenkt, dass das Kilo Albatrüffeln je nach Marktlage zwischen 3000 und 5000 Euro bringt. Dem Hundebesitzer bleibt dann nur, auf schlechtes Wetter zu hoffen: Nach regenreichen Sommern fällt die Trüffelausbeute erfahrungsgemäß besonders reichlich aus.

> ZU UNRECHT VERKANNT

Piemonts Hauptstadt ist ein Barockjuwel und dabei höchst lebendig

KARTE IN DER HINTEREN UMSCHLAGKLAPPE

> Fiat, Industrie, Juventus – und basta! Das ist Turin. Behaupten jedenfalls die, die noch nie da waren.

Dabei ist die Hauptstadt des Piemont (910 000 Ew.) viel mehr: von den Römern angelegt und von den Savoyern zur barocken Residenzstadt von besonderem Glanz ausgebaut, eine Stadt mit 18 km Arkadengängen und gemütlichen Kaffeehäusern, die Hauptstadt der Magie, der Schokolade – und der zeitgenössischen Kunst. [127 E1, 128 A2]

SEHENSWERTES

Nie mehr Schlange stehen! Für viele Museen können Sie Karten vorbestellen: *Tel. 800 32 93 29*

DOM SAN GIOVANNI BATTISTA [U E2]

Hinter dem Palazzo Reale versteckt, von bescheidener Höhe, schmucklo-

Bild: Palazzo Carignano

TURIN

sem Äußerem und nüchterner Innenausstattung, entspricht der Turiner Renaissancedom (15. Jh.) nicht dem Idealbild eines Doms. Dennoch strömen die Besucher. Denn hier wird im sicheren Schrein die *Sacra Sindone* aufbewahrt, das mutmaßliche Grabtuch Christi, eine der wertvollsten Reliquien der katholischen Kirche. Sie zeigt den Abdruck eines bärtigen Mannes und gelangte im 15. Jh. in den Besitz der Savoyer, die sie 1578 in ihre neue Hauptstadt Turin holten. Dort scheiterten zunächst mehrere Baumeister am Versuch, der Reliquie eine würdige Heimstatt zu schaffen. Erst Guarino Guarini errichtete 1668 bis 1694 mit der *Cappella della Sacra Sindone (zzt. geschl.)* eine Kapelle, deren kühne Kuppelarchitektur alles bisher Dagewesene übertraf. Die ganz mit schwarzem Marmor ausgekleidete Kapelle bildet zudem eine direkte Verbindung zwischen

Dom und Königlichem Palast und dokumentierte damit unübersehbar das Gottesgnadentum der savoyischen Herrschaft. Zu besichtigen ist eine Fotografie der Reliquie in natür-

Ein Tempel für Cineasten: Museo Nazionale del Cinema in der Mole Antonelliana

licher Größe. Das heilige Tuch selbst – Wissenschaftlern zufolge ist es möglicherweise erst im Mittelalter entstanden – wird in unregelmäßigen Abständen (das nächste Mal wohl nicht vor 2011) feierlich entfaltet. *Mo–Sa 8.30–12 und 15.30–19 Uhr | Piazza San Giovanni*

GALLERIA CIVICA D'ARTE MODERNA (GAM) [U B3]

Der moderne Museumsbau beherbergt 5000 Gemälde und 4000 Skulpturen vom 18. Jh. bis heute. Neben viel piemontesischer Malerei des 18./19. Jhs. ist eine interessante Sammlung des 20. Jhs. zu sehen: von den metaphysischen Turinbildern De Chiricos über Modigliani, Dix, Klee und Ernst bis zu Warhol. *Di–So 10 bis 18 (Do bis 22) Uhr | 7,50 Euro | Via Magenta 31*

LINGOTTO [0]

Eine Industrieruine hat den Sprung in die Neuzeit geschafft. Der *Lingotto* (Barren), das von Fiat-Gründer Giovanni Agnelli 1917 in Auftrag gegebene, riesige Autoproduktionswerk, einen halben Kilometer lang und fünf Stockwerke hoch, galt stets als Inbegriff der Fabrik, als Ikone des Industriezeitalters. Trotzdem zog Fiat Ende der Siebzigerjahre aus und ließ den Koloss samt weltberühmter Autoteststrecke auf dem Dach einsam zurück. Doch lange stand der Lingotto nicht leer. Unter der Ägide des Genueser Architekten Renzo Piano wurde der Komplex zu einem gigantischen Kultur- und Handelszentrum umgebaut. Hier finden heute die großen Auto- und Buchmessen statt, werden Kongresse veranstaltet und – im neuen *Auditorium* – Konzerte von Rang gegeben; hier trifft sich Turin zu Kunstausstellungen und zum Shoppen. Auf dem Dach residiert die *Pinacoteca Agnelli (Di–So 10–19 Uhr | 7 Euro),* eine kleine, private Sammlung der Turiner Fiat-Dynastie. *Via Nizza 262*

MOLE ANTONELLIANA **[U F3]**

Das mit 167 m höchste Gebäude Turins ist das Wahrzeichen der Stadt, ein Wahrzeichen, von dem viele Turiner behaupten, es sei in erster Linie hässlich. Von der Aussichtsplattform hat man einen herrlichen Blick. Erbaut wurde die Mole in 30 Jahren (Baubeginn 1863) nach wechselnden Plänen des Architekten Alessandro Antonelli. Ursprünglich war sie als Synagoge und jüdisches Gemeindezentrum gedacht, erfüllte diese Funktion jedoch nie. Irgendwann übernahm die Stadt den Turm. Heute ist er Sitz des ★ *Museo Nazionale del Cinema (www.museonazionaledelcinema.org).* Mit zwölf Produktionsstudios und 73 Kinos galt Turin um die Wende vom 19. zum 20. Jh. als die Geburtsstadt des italienischen Kinos. 1904 wurde auf der Piazza Vittorio Veneto der erste Film öffentlich aufgeführt, 1914 drehte man in Turin mit „Cabiria" den ersten Kolossalschinken der Filmgeschichte. Heute erinnert das originell und liebevoll gemachte Kinomuseum auf fünf Etagen an die Pionierzeiten des Kinos – mit *laterne magiche,* uralten Filmkameras und Kulissen und bequemen Liegen, auf denen man alte Stummfilmausschnitte anschauen kann. *Di bis So 10–20 (Sa bis 23) Uhr | Museum 6,50 Euro, Panoramaaufzug 4,50 Euro, Kombiticket 8 Euro | Via Montebello 20*

MUSEO DELL'AUTOMOBILE **[0]**

Auf 10 000 m^2 dokumentieren über 400 Fahrzeuge die Geschichte der motorisierten Fortbewegung. Zu den Stars der Ausstellung zählt das erste in Italien gebaute Automobil, der dampfbetriebene Bernardi von 1896. *Zzt. wegen Renovierung geschl. | Corso Unità d'Italia 40*

MARCO POLO HIGHLIGHTS

★ Venaria Reale
Nur Versailles ist schöner als das prächtige Jagdschloss (Seite 97)

★ Museo Egizio
Größte und wichtigste Ägyptensammlung jenseits von Kairo (Seite 88)

★ Markt der Porta Palazzo
Süditalienisches Flair auf einem der größten Marktplätze Europas (Seite 92)

★ Mulassano
Ein Café mit üppiger Dekoration und noch mehr Geschichte (Seite 91)

★ Museo Nazionale del Cinema
Italienische Kinogeschichte in ungewöhnlichem Rahmen (Seite 87)

★ Superga
Barocker Kunstgenuss und Prachtpanorama (Seite 96)

MUSEO EGIZIO ★ [U D3]
Mit seinen rund 30 000 Ausstellungsstücken aus dem alten Ägypten gilt das Museo Egizio als zweitwichtigstes ägyptisches Museum der Welt. Im Erdgeschoss stehen Plastiken verschiedener Herrscher und Götter sowie Sarkophage; im ersten Stock geben u. a. Tücher, Spinngeräte und medizinisches Zubehör einen interessanten Einblick in den ägyptischen Alltag vor über 3000 Jahren. *Di–So 8.30–19.30 Uhr | 6,50 Euro | Via Accademia delle Scienze 6*

PALAZZO CARIGNANO [U E3]
Der ab 1679 erbaute Palast mit seiner wellenförmig geschwungenen Backsteinfassade ist einer der prachtvollsten (und originellsten) Barockbauten Italiens. Im Festsaal trat 1861 erstmals das Parlament des Vereinigten Italiens zusammen. Heute beherbergt der Palast das *Museo del Risorgimento (zzt. geschl.). Piazza Carignano*

PALAZZO MADAMA [U E2]
Auf der Piazza Castello steht ein irritierendes Bauwerk. Von drei Seiten wirkt es wie eine mittelalterliche Burg, doch von Westen hat man eine barock-klassizistische Prachtfassade vor sich. Das Ganze basiert auf einem alten römischen Tor. Des Rätsels Lösung: Das Tor wurde im Mittelalter zu einem Kastell umgebaut, in dem im 17. Jh. die Regentin Madama Maria Cristina residierte. Im 18. Jh. sollte Filippo Juvarra die Burg zu einer ordentlichen Barockresidenz umbauen, schaffte aus Geldmangel aber nur die Fassade und das dahinter liegende Treppenhaus. Heute beherbergt der nach 18-jähriger Schließung perfekt restaurierte Palazzo wieder das *Museo d'Arte Antica (Di–Fr und So 10–18, Sa 10–20 Uhr | 7,50 Euro).* 70 000 Stücke umfasst die einzigartige Sammlung: kostbares Glas und Porzellan, Keramik und Silber, Stoffe und Spitzen. Sehenswert sind auch die Vitrinen selbst: Giò Ponti hat sie entworfen. *Piazza Castello | www.palazzomadamatorino.it*

PALAZZO REALE [U E2]
Die Residenz der Savoyer wurde 1645 von der Regentin Cristina in

> ZEITGENÖSSISCHE KUNST

Nach 100 Jahren Industriekarriere: Kunststadt Turin

Torino = Motown? Das war einmal. In letzter Zeit macht die piemontesische Hauptstadt vor allem als italienische Metropole zeitgenössischer Kunst von sich reden. Neben einer sehr lebhaften unabhängigen Künstlerszene, die sich in zahlreichen Galerien austobt, zieht auch das Museum zeitgenössischer Kunst im Castello di Rivoli sowie die GAM viele Besucher an. Internationale Aufmerksamkeit erregen die Ausstellungen zweier namhafter Stiftungen: Sowohl die *Fondazione Merz (www.fondazionemerz.org)* mit Werken des Turiners Mario Merz als auch die *Fondazione Sandretto Re Rebaudengo (www.fondsrr.org)* mit Werken junger Künstler haben sich in ehemaligen Industrieanlagen niedergelassen – ein schöner Übergang von der Auto- zur Kunstkultur.

Mit dem aufwendigen Umbau des Palazzo Madama zur Barockresidenz durch Filippo Juvarra war seinerzeit schon nach der Fassade Schluss – Geldmangel!

Auftrag gegeben und an der Stelle des alten Bischofspalasts errichtet. Verschiedene Hofarchitekten trugen in 200 Jahren zu ihrer Gestaltung bei; formgebend ist vor allem Amedeo di Castellamonte gewesen. Sehenswert sind das von Filippo Juvarra geschaffene „Scheren"-Treppenhaus *(scalone delle forbici)* und die königlichen Prunkräume, bei deren Ausstattung man viel mehr in üppigen Dekorationen schwelgte als bei der Gestaltung der überaus bescheidenen Schlossfassade. *Di–So 8.30–19 Uhr | 6,50 Euro | Piazza Reale*

PARCO DEL VALENTINO [U D–E 5–6]

Welches Vergnügen, der stickigen Stadtluft zu entrinnen und sich in einem der schönsten Stadtparks Italiens zu verlustieren! Der Parco del Valentino zieht sich zwischen Corso Vittorio Emanuele II und Corso Dante am Poufer entlang und fällt sanft zum Fluss hin ab. Wiesen wechseln sich mit Blumenrabatten, Alleen mit kleinen Wäldchen ab; ein *botanischer Garten* gehört ebenso dazu wie der große Springbrunnen *Fontana delle Stagioni* und das *Castello del Valentino,* eine Art französisches Lustschloss aus dem 17. Jh. Hier sitzt heute die renommierte Architekturfakultät des Turiner Polytechnikums. Im Park amüsieren sich Inlineskater, Großmütter mit Kinderwagen und allerlei Hunde; man kann das Training der Ruderer auf dem Po verfolgen oder am Freitagabend eines der Tanzlokale für die reifere Generation aufsuchen. Und in lauen Sommernächten gibt es nichts Schöneres, als über die Parkwege zu flanieren und sich dann im ▶▶ *Fluido (Mi–So ab 19 Uhr | Viale Cagni 7)* zu einem Drink und Livemusik niederzulassen. Insider Tipp

PIAZZA SAN CARLO [U D3]

Caval d' Brons, Bronzepferd, nennen die tierlieben Turiner die Statue des berittenen Emanuele Filiberto I, die sich in der Mitte des schönsten Platzes von Turin erhebt. Seine Schönheit beruht auf der harmonischen Symmetrie der Barockfassaden, unter denen sich breite Arkadengänge durchziehen. Der Symmetrie folgen auch die beiden Zwillingskirchen an der Südseite des Platzes, *Santa Cristina* und *San Carlo*. Die Barockfassade von Santa Cristina (links) stammt von Filippo Juvarra (1715), während die von San Carlo erst im 19. Jh. vollendet wurde.

SAN LORENZO [U D2]

Dieser Bau (1634–1680) von Guarino Guarini mit seiner steilen, achteckigen Kuppel versteckt sich zwischen den Hausfassaden im Westen der Piazza Castello – doch es lohnt sich hineinzuschauen. Der sehr bewegte, geschwungene Zentralbau verwirrt das Auge; erst nach längerem Studium erhellt sich die letztlich mathematisch-klare Struktur der Kirche. Ein Blick in die lichte Kuppel steigert noch das Schwindelgefühl, und es wird verständlich, wieso Guarini zu Lebzeiten den Ruf eines genialen, aber ziemlich ausgeflippten Architekten besaß.

ESSEN & TRINKEN

Insider Tipp

TAVERNA DEL BIAGIO [0]

Kleines, sehr nettes Lokal mit offenem Kamin und sardischen Wirtsleuten. Mittagessen mit köstlichem *antipasti*-Buffet, abends Aperitif. *Mo–Fr 10–20, Sa 10–16 Uhr | Via Castelnuovo 6 | Tel. 011 91 82 64 |* €

AL BICERIN [U D1]

1763 gegründetes Juwel von einer Bar. Hier ist das Turiner Traditionsgetränk *bicerin* zuHause, eine selig machende Komposition aus Kaffee, Schokolade und flüssiger Sahne. *Mi geschl. | Piazza della Consolata 5*

DEL CAMBIO [U D–E2]

In den heiligen Hallen der Turiner Gastronomie speiste schon Camillo Cavour. Heute laden hier Fiat-Manager wichtige Besucher zu piemontesischen Klassikern ein. *So geschl. | Piazza Carignano 2 | Tel. 011 54 37 60 |* €€€

FRATELLI LA COZZA [U F1]

Lustiges und lärmiges Pizza- und Miesmuschelrestaurant in umgebauter Lagerhalle. Besitzer ist der beliebte Turiner TV-Komiker Piero Chiambretti. *Tgl. | Corso Regio Parco 39 | Tel. 018 59 90 |* €

GENNARO ESPOSITO [U B–C1]

Insider Tipp

Die lange Schlange vor der Tür wartet hungrig darauf, in den angesagtesten Pizzatempel der Stadt eingelassen zu werden. Bunt gestrichene Wände, phantasievoll belegte Pizzen und als Nachtisch unwiderstehliche, mit Creme gefüllte *zeppole*. *So geschl. | Via Passalacqua 1 g | Tel. 01 15 33 59 05 |* €

GRAN BAR ▶▶ [U F4]

Kühle, puristisch eingerichtete Bar am Poufer, Lieblingstreff der feinen Collina-Bewohner. Ab 18.30 Uhr Aperitif mit großer Auswahl an kleinen Häppchen. *Mo geschl. | Piazza Gran Madre di Dio 2*

GROM [U D4]

Die beste *gelateria* der Stadt erkennt man an der langen Schlange davor. Unbedingt probieren: das *gelato al limone* mit Zitronen aus Amalfi! *Tgl. | Piazza Paleocapa 1 d (Filiale: Via Cesare Battisti 2 [U E2])*

LOCANDA MONGRENO [O]
Hochkreative Genießerküche auf der rechten Poseite. Die raffinierten Kompositionen von Chef Pier Bussetti lohnen die etwas längere Anfahrt. *Mittags und Mo geschl. | Strada Comunale di Mongreno | Tel. 01 18 98 04 17 |* €€€

MULASSANO ★ [U E2]
Winzig klein und entsprechend verspiegelt, gleicht das traditionsreiche Café einem kunstvoll geschliffenen Edelstein. Köstliche *tramezzini! So geschl. | Piazza Castello 9*

TRE GALLINE [U D1]
Traditionsreiche Markttrattoria mit sehr guter, klassischer piemontesischer Küche. Reservieren! *Mo-Mittag und So geschl. | Via Bellezia 37 | Tel. 01 14 36 65 53 |* €€

UNIONE FAMILIARE DI REAGLIE [O] Insider Tipp
Der Geheimtipp in der *collina:* eine *bocciofila* (Bocciaclub), in der einfach, deftig und gut gekocht wird. Herzliche Atmosphäre, günstige Preise. *Mo geschl. | Corso Chieri 124 | Tel. 01 18 98 08 56 |* €

TRATTORIA VALENZA [O]
Über Jahrzehnte kochte Signora Giuditta in ihrer Trattoria von der Gastroszene unbemerkt köstliche *tajarin,* Kalbsgeschmortes und *panna cotta.* Seit das volkstümliche Viertel rund um den Markt Balôn schick geworden ist, hat sie nun endlich die Aufmerksamkeit, die sie verdient. *So/Mo geschl. | Via Borgo Dora 39 | Tel. 01 15 21 39 14 |* €–€€

Tre Galline: Die „drei Hühner" habens nicht weit – der Porta-Palazzo-Markt ist gleich nebenan

EINKAUFEN

ANTIQUITÄTEN

Die besten Schnäppchen sind sicher beim *Grand Balôn* zu machen, dem Antiquitätenmarkt, der sich jeden zweiten Sonntag im Monat in den Gassen hinter der Porta Palazzo an der *Piazza della Repubblica* [U D1] abspielt. Viele schöne Antiquitätengeschäfte gibt es in der *Via Maria Vittoria* [U E3].

BÜCHER

Turin ist die Stadt der Intellektuellen und der Leseratten. Die ▶▶ *Libreria Luxemburg (*[U D–E 2–3] | *Via Cesare Battisti 7)* ist spezialisiert auf internationale Literatur und Judaistik, und bei *Mood (*[U D–E 2–3] | *Via Cesare Battisti 3 e)* werden Wein und Kaffee zum Buch serviert.

FEINKOST

Frische Pilze und Trüffeln kauft man am besten bei den Brüdern *Scanavino (*[U D3] | *Via Lagrange 38)*. Ein Must ist ein Besuch bei *Eataly (*[0] | *Via Nizza 230)*, dem weltgrößten Feinkost-Supermarkt, der auf 2500 m² nur italienische Produkte kleiner Hersteller verkauft und in eigenen Minirestaurants zubereiten lässt. Ein Paradies für alle, die gern essen!

HEILKRÄUTER

Allerlei Kräutermischungen für Tees und Umschläge, Naturmedizin nach alten Rezepten und vieles mehr in der Insider Tipp *Antica Erboristeria della Consolata (*[U D1] | *Piazza della Consolata 5)*.

MÄRKTE

Ob Wäscheklammern oder frischen Käse, ob kistenweise Pfirsiche oder neue Babykleidung – die Italiener kaufen am liebsten auf dem Markt ein. 44 solcher Allroundmärkte finden täglich in Turin statt, doch der klassische Tag für einen ausgedehnten Marktbesuch ist der Samstag. Der Markt im Stadtviertel *Crocetta* [U A–B5] gilt als edel; Obst und Gemüse kosten hier immer ein bisschen mehr als anderswo, doch dafür finden Sie oft Restposten großer Modelabels zu geradezu lächerlichen Preisen. Ein Erlebnis ist der ★ Markt der *Porta Palazzo (*[U D1] | *Piazza della Repubblica)* am Samstag – eindrucksvolles Menschengewimmel, Lärm und Geschrei, heisere Händler, Gemüsekisten schleppende Marokkaner und ein schier uferloses Angebot an Waren aller Art. Schön ist der *Bauernmarkt* auf der Nordostseite des Platzes. Insider Tipp Samstags geht der große Markt fast nahtlos über in einen überaus farbigen und lebhaften Flohmarkt, den ▶▶ *Balôn (zzt. in der Via*

San Pietro). In den engen Gassen um die *Via Mameli* und *Via Borgo Dora* werden Juve-T-Shirts, altes Geschirr, arabische Spezereien und die eine oder andere Antiquität angeboten – die Preise sind Verhandlungssache.

MODE

Insider Tipp

Unter dem Namen *Poncif (***[U F3]** *| Piazza Vittorio Veneto 5)* entwirft Sandra Ferro Mode wie Turin – klar, unaufdringlich, mit überraschenden Details. Bei *San Carlo dal 1973 (***[U D2]** *| Via Roma 53)* glaubt man sich zwischen Gucci und Helmut Lang, Nippondesign und Ibizasound beinahe in Mailand. *Giorgio Armani (***[U D3]** *| Piazza San Carlo 145 und Via Buozzi 5)* und *Max Mara (***[U D3]** *| Via Roma 279)* haben eigene Dependancen in der Stadt. Und ständige Ausverkäufe namhafter italienischer Designer finden bei *Il Grifone (***[U B6]** *| Corso Turati 15 g)* und *Vestigente (***[U C3]** *| Piazza Solferino 14 a)* statt.

SCHUHE

*Il Pallino (***[U D3]** *| Via Gobetti 7 d)* führt Designerschuhe zu sehr günstigen Preisen (Kollektionsausverkauf). Die beliebten Turnschuhe von *Superga* sind im Direktverkauf *(***[U F1]** *| Corso Regio Parco 39)* mit lohnendem Preisnachlass zu haben.

SÜSSES

Insider Tipp

*Guido Gobino (***[U D3]** *| Via Lagrange 1)* ist der neue ungekrönte König unter den Turiner Chocolatiers – unbedingt die Salzpralinés probieren! Die besten handgemachten Bonbons in schönsten Verpackungen gibt es bei *Stratta (***[U D3]** *| Piazza San Carlo 191).*

ÜBERNACHTEN

LE MERIDIEN ART & TECH [O]

Funktioneller Luxus, viel Glas und puristisches Design zeichnen dieses Fünfsternehotel aus, das in der Ex-Fiat-Fabrik Lingotto eingerichtet wurde. *142 Zi. | Via Nizza 230 | Tel.*

Käse und Wurst, Nougat und Pralinen: Leibliche Genüsse sind das ideale Mitbringsel aus Turin

01 16 64 20 00 | Fax 01 16 64 20 01 | www.lemeridien-lingotto.it | €€€

LA MADDALENA [U C4]

Sehr charmantes, mit Geschmack und Liebe geführtes Bed-&-Breakfast. Hausherrin ist Maddalena Vitale, eine Dame der besseren Turiner Gesellschaft. *3 Zi. | Via San Secondo 31 | Tel./Fax 011 59 12 67 | www.iam-maddalena.com* | €–€€

OSTELLO PER LA GIOVENTÙ [U F6]

Turins Jugendherberge liegt östlich des Pos im feinen Ortsteil Crimea. *80 Betten | Via Alby 1 | Tel. 01 16 60 29 39 | hostelto@tin.it* | €

> LOW BUDGET

- In der *Galleria d'Arte Moderna (Via Magenta 31 | www.gamtorino.it)* gibts moderne und zeitgenössische Kunst an jedem ersten Dienstag des Monats nicht für die üblichen 7,50 Euro, sondern ganz umsonst zu sehen.
- Endlich eine Entschuldigung, die verlockenden Turiner Pralinengeschäfte nicht nur von außen zu bewundern: Mit dem *Choco-Pass (www.cioccolato.com)* können Süßmäuler innerhalb von drei Tagen 23-mal probieren – vom *gianduiotto* über Pralinen bis hin zur heißen Schokolade. Er ist für 15 Euro erhältlich bei der Touristeninformation an der Piazza Castello.
- Eine Alternative zu teuren Vinotheken ist das Geschäft von Marco Ferro, in dem man sehr ordentliche Weine kleiner, nicht prominenter Produzenten vom Fass kauft. *Vinologo | ab 1,90 Euro/Liter | Corso Belgio 171 | www.vinologo.it*

B & B IL PIUNS [127 E2] Insider Tipp

Im feinen Vorort Moncalieri vermietet Familie Calvi in ihrer herrschaftlichen Villa aus dem 18. Jh. drei hübsche Zimmer. Ruhige, grüne Lage in den Hügeln. *Strada Costalunga 6 | Moncalieri | Tel. 011 64 52 22 | www.piuns.it* | €

NH SANTO STEFANO [U D1–2]

Im Herzen des römisch-historischen Turins hat die NH-Kette dieses sehr schöne Haus eröffnet, in dem sich Minimalismus und warme Holztöne perfekt ergänzen. Einen Hamam gibt es auch! *125 Zi. | Via Porta Palatina 19 | Tel. 01 15 22 33 11 | Fax 01 15 22 33 13 | www.nh-hotels.com* | €€–€€€

VICTORIA [U E3]

Sehr ruhig in einer kleinen Seitenstraße gelegen, phantasievoll und mit allem Komfort eingerichtet. Die charmanteste Adresse Turins! *108 Zi. | Via Nino Costa 4 | Tel. 01 15 61 19 09 | Fax 01 15 61 18 06 | www.hotelvictoria-torino.com* | €€€

SPORT & FREIZEIT

FUSSBALL [U B3]

Einmal im Stadio delle Alpi *tifoso* von Juve sein? Auskunft bei *Juventus (Corso Ferraris 32 | Tel. 01 16 56 31 | www.juventus.it)*.

SCHIFFFAHRT AUF DEM PO

Beim gemütlichen Schippern über den Po und mitten durchs Grüne wähnt man sich weit weg von jeder Großstadthektik. *Rundfahrten im Sommer tgl., Okt.–Mai nur So | Navigazione sul Po | Imbarco Murazzi* [U F4] | *Tel. 011 74 48 92*

AM ABEND

AUDITORIUM GIOVANNI AGNELLI [0]

Der holzverkleidete Konzertsaal bietet eine erstklassige Akustik für die Gastspiele der großen Orchester und Solisten. *Via Nizza 280 | Tel. 01 18 10 46 53 | www.lingottmusica.it*

Die Fußballstadt Turin teilt sich in *tifosi* von Juventus und dem Underdog Torino FC

QUADRILATERO ROMANO ▶▶ [U D1]

Im ehemals verrufenen „Römischen Viereck" gleich hinter der Porta Palazzo drängen sich in den historischen Gassen jetzt Tapabars, Ethnokneipen und andere Hang-Outs jeder Kategorie. Der Betrieb geht zur Aperitifstunde los. Am Wochenende ist kein Durchkommen mehr! Tipp: Vom *Pastis* direkt an der Piazza Emanuele Filiberto hat man den besten Blick aufs Getümmel. Lecker: Die sizilianischen *granite* (Fruchteis) aus der *Gelateria Mondello.* Insider Tipp

MURAZZI [U D–E 3–4]

In den einst der Verteidigung dienenden Kaimauern am Westufer des Pos befinden sich zahlreiche Verliese. Früher verstaute man die Ruderboote darin, heute wird getanzt. Denn in den vormals feuchten Kammern residieren die besten Clubs Turins: *Jammin,* die Kneipe *Giancarlo* des gleichnamigen Traditionswirts sowie *The Beach,* wo man tagsüber im Liegestuhl am Poufer in der Sonne bräunt und abends zu Techno- und Housemusik tanzt. In Sommernächten flanieren Hunderte junger Turiner vor den Lokalen auf und ab oder lassen einfach die Beine im Fluss baumeln.

TEATRO REGIO [U E2]

Anspruchsvolle Opern- und Ballettinszenierungen. *Piazza Castello 215* |

Kartenverkauf Tel. 01 18 81 52 41 | www.teatroregio.torino.it

AUSKUNFT

TURISMO TORINO – PUNTO INFORMATIVO [U C3]

Piazza Castello | Tel. 011 53 51 81 | Fax 011 53 00 70 | www.turismotorino.org

ZIELE IN DER UMGEBUNG

RIVOLI [127 D1]

Zu dem Ring von Schlössern, den die ehrgeizigen Savoyerfürsten ab dem 17. Jh. rund um Turin anlegen ließen, gehört das *Castello di Rivoli.* Heute beherbergt das 10 km westlich gelegene Schloss das angesehene *Museo d'Arte Contemporanea (Di–Do 10 bis 17, Fr–So 10–21 Uhr | 6,50 Euro | Piazza del Castello | www.castellodirivoli.org):* Werke von Maurizio Cattelan, Charles Ray oder Rebecca Horn kontrastieren aufs Schönste mit dem historischen Gemäuer. Dazu passt ein Dinner im coolen Schlossrestaurant *Combal.Zero (Mo/Di geschl. | Tel. 01 19 56 52 25 | www.combal.org | €€€),* wo Davide Scabin seine Kreationen servieren lässt, z. B. mit Wodka und Kaviar gefüllte „Cyber Eggs".

STUPINIGI [127 E2]

Der röhrende Hirsch auf dem Dach räumt alle Zweifel aus – das spätbarocke Prachtschloss (1730/31) des Filippo Juvarra diente Vittorio Amedeo II und seinen Nachkommen als fürstlicher Jagdsitz. Es ist nicht zu verfehlen: Man biegt am Bahnhof Porta Nuova in die Via Sacchi ein und fährt 10 km lang stur geradeaus. Am Schluss führt eine schnurgerade Allee auf das wunderschöne, streng symmetrisch aufgebaute und doch weich fließende Ensemble zu. Die Einrichtung des ovalen Zentralbaus und der Seitenflügel sind originales Rokoko und von derartiger Schönheit, dass das Schloss inzwischen als Möbelmuseum dient. *Wiedereröffnung nach Renovierung geplant | Info unter Tel. 01 13 58 12 20*

SUPERGA ★ [127 E1]

Vor rund 300 Jahren, im Spanischen Erbfolgekrieg, stürmte von hier oben Prinz Eugen von Savoyen mit seinen Truppen los, den französischen Belagerungsring zu durchbrechen, der der Hauptstadt Turin den Atem abzuschnüren drohte. Mit Erfolg: Die Franzosen ließen ab von Turin und zogen sich völlig aus dem Piemont

> APERICENA

So werden die Häppchen zu Schnäppchen

In vielen Bars im Piemont – speziell in den Städten – hat sich die Kultur des *apericena* breitgemacht, des „Aperitif-Abendessens": Ab etwa 19 Uhr werden nicht mehr nur ein paar salzige Häppchen auf den Tresen gestellt, sondern überbordende Buffets auch mit warmen Gerichten aufgebaut. Man bezahlt nur die Getränke – pro Glas zwischen 5 und 10 Euro – und isst dazu, so viel man mag. Der Spaß lohnt sich vor allem für Gäste, die wenig trinken, weshalb auch immer mehr Familien mit ihren Kindern beim Aperitif auftauchen.

Der tempelartige Barockbau der Superga ist schon von weitem zu sehen

zurück. Aus Dankbarkeit ließ Herzog Vittorio Amadeo II auf dem 670 m hohen Hügel am östlichen Ortsrand ab 1717 von Juvarra die *Basilica di Superga* errichten. Der tempelartige Barockbau krönt die *collina* sichtbar auch aus der Ferne. An klaren Tagen ist ein Besuch der Superga das Schönste, was man sich gönnen kann: Den Blick über die Stadt hinweg auf den Gürtel schneebedeckter Viertausender wird man so schnell nicht vergessen. In der Krypta können die Fürstengräber der Savoyer besichtigt werden. Hinter dem an die Kirche anschließenden Kloster erinnert ein Gedenkstein an den Flugzeugabsturz von 1949, bei dem die komplette Mannschaft des AC Torino ums Leben kam. *Tgl. 9.30–18.45 Uhr | Anfahrt per Auto oder mit der* Insider Tipp *Zahnradbahn ab Vorort Sassi*

VENARIA REALE ★ [127 E1]

Nur Versailles kann noch mithalten mit der Reggia di Venaria Reale, die nach 200-jährigem Verfall mit Kosten im dreistelligen Millionenbereich zu jenem glanzvollen Jagdschloss zurückrestauriert wurde, als das sie die Savoyer im 17. Jh. von Barockarchitekt Amedeo di Castellamonte hatten erbauen lassen. Auf 80 000 m² bietet das Schloss eine Fülle prachtvoll freskierter und stuckierter Säle und Galerien, als deren Höhepunkt die lichtdurchflutete *Galleria di Diana* gilt. Die weitläufigen Gärten wurden mit neuen Inhalten gefüllt: Auch moderne Kunstwerke und Brunnen sind hier jetzt zu finden. *Di–Do 9 bis 17.30, Fr 9–21, Sa 9–23, So 9–20 Uhr | 10 Euro, mit Garten 12 Euro | www.lavenaria.it*

Romantisch wirkt das historische *borgo cittadino,* das kleine Dorf, in dem die Handwerker und sonstige Dienstleister der Royals lebten und in dem sich inzwischen nette, kleine Restaurants angesiedelt haben. Im 35 ha großen, von Mauern umgebenen *Park La Mandria* äsen Hirsche und Rehe unbesorgt auf den Wiesen, denn schießen darf hier keiner mehr.

> ZU BURGEN UND INS REICH DES BAROLO

Zwei Tagestouren durch zwei ganz unterschiedliche Regionen des Piemont

Die Touren sind auf dem hinteren Umschlag und im Reiseatlas grün markiert

1 LEBENDIGES MITTELALTER: SCHLÖSSER UND BURGEN IM CANAVESE

Das Canavese ist die sanfte Hügellandschaft um Ivrea, landschaftlich reizvoll zwischen Poebene und der ersten, 2000 m hohen Kette der Westalpen gelegen. Es ist ein fruchtbares Land mit stimmungsvollen alten Dörfern und lebhaften Kleinstädten. Vor allem aber gibt es hier eine Reihe teils halb vergessener, teils aufwendig restaurierter Schlösser und Burgen, die oft schon in Turin keiner mehr kennt. Schade, denn sie lohnen den Besuch! Die hier beschriebene Autotour führt durch das touristisch noch im Dornröschenschlaf dämmernde Canavese und zu acht dieser Anlagen – vom savoyardischen Barockschloss bis hin zur neogotisch restaurierten Märchenburg ist jede Menge Sehenswertes dabei. Die Tour geht über 90 km und nimmt, wenn man sich ein Schloss von innen und die anderen von außen in aller Ruhe ansehen will, einen Tag

Bild: Blick vom Kastell auf Serralunga d'Alba

AUSFLÜGE & TOUREN

in Anspruch. Die Schlösser sind normalerweise von Mai bis Sept. Sa und So geöffnet, der Eintritt kostet zwischen 2 und 7,50 Euro. Genauere Auskünfte erteilt die APT del Canavese (Corso Vercelli 1 | Tel. 01 25 61 81 31 | Fax 01 25 61 81 40 | *www.canavese-vallidilanzo.it***).**

Die Tour beginnt in **Rondissone** (Ausfahrt der A 4 Turin–Mailand). Hier geht es links ab in Richtung Mazzè und durch die letzten Kilometer der Poebene. Saftiges Grün begleitet von nun an die Fahrt; Maisfelder und Pfirsichgärten am Wegesrand künden von der großen Fruchtbarkeit des Canavese. Bald schon gerät ein waldiger Hügel mit vielversprechendem Schlossturm ins Blickfeld: Vom Marktplatz in **Mazzè** können Sie zu Fuß zum Schloss hinaufwandern. Der heutige Besitzer hat, unterstützt von Amnesty International, im Keller ein beeindruckendes **Foltermuseum** *(März–Sept. So 10–12 und 14.30 bis*

17.30, Okt.–Feb. 14.30–17.30 Uhr | 8 Euro) eingerichtet; die Anfahrt ist aber auch im Auto möglich. Das Schloss, errichtet im 14. Jh., wurde im 19. Jh. von einem Liebhaber der Ritterzeit im neugotischen Turm- und-Zinnen-Stil renoviert; es liegt hoch über einer Flussschleife der Dora Baltea. In deren Auen geht es jetzt hinab auf der Straße Richtung Cigliano. Beim Überqueren der Dora sieht man links ein schönes Stauwehr aus dem 19. Jh. liegen.

Hinter Villareggia taucht rechter Hand das **Kloster San Trompone** auf, gleich danach geht es links ab nach **Moncrivello.** Die gleichnamige Burg, eine wuchtige, verschachtelte Anlage aus dem Mittelalter, liegt mitten im Dorf; die letzten Meter durch die schmalen Gassen müssen Sie zu Fuß zurücklegen. Weiter geht es auf der Landstraße in Richtung Ivrea, auf der Sie einen verlockenden Waldsee passieren und auch ein paar Weinstöcke. Hier wird der Erbaluce di Caluso (Insider Tipp) angebaut, ein trockener Weißwein. Nach wenigen Kilometern erreichen Sie das Dörfchen **Borgomasino** mit seinem Schlösschen **Castello di Borgomasino** *(3 Suiten | Tel. 01 25 77 01 81 | www.castellodiborgomasino.it | €€)*, das heute mehr einer Villa des 19. Jhs. ähnelt, aber fürstliche Übernachtung ermöglicht. Aus alten Zeiten ist noch der quadratische Turm mit kunstvoll gearbeiteten Terrakottafriesen erhalten. Vielleicht möchten Sie auch einen Blick in die nahe **Pfarrkirche San Salvatore** werfen: Der Barockbau mit sehr schön gegliedertem Innenraum und Gurtenkuppel ist ein Werk Bernardo Vittones, eines besonders phantasievollen Vertreters des piemontesischen Barock.

Zurück auf der Straße nach Ivrea, grüßt bald darauf von der Anhöhe oberhalb Vestignè die imposante Rückseite des Schlosses von *Masino* (Insider Tipp) *(Di–So 10–17 Uhr | 6,50 Euro)*, einer prächtigen Residenz mit großem englischem Park. Vom Vorplatz

Lohnender Stopp auf der Schlösser-und-Burgen-Tour: Castello di Masino

aus hat man einen herrlichen Blick auf die Serra, den 400 m hohen, schnurgeraden Moränenwall, der sich von Ivrea aus Richtung Südosten schiebt. Der Aostagletscher hat ihn geschaffen, doch man wähnt höhere Mächte im Spiel, denn geradezu unnatürlich wirkt sein Verlauf.

Zurück auf der Landstraße nach Ivrea, fahren Sie der Serra ein Stück entgegen, bis es nach **Ivrea** hineingeht. Dort biegen Sie an der großen Piazza Balla rechts ab und folgen der Ringstraße, bis linker Hand unübersehbar das **Castello di Ivrea** *(S. 45)* ins Bild rückt. Bleiben Sie dann weiter auf der Straße, und folgen Sie den Wegweisern zur Autobahn aus der Stadt hinaus. Auf leichter Anhöhe geht es so durch schattige Wälder dahin, bis die Abzweigung nach Rivarolo Canavese kommt, auf der man nach **Agliè** gelangt. Das zugehörige **Schloss** *(Di–So 8.30–19.30 Uhr | 8 Euro)* war eine Residenz der Savoyer und ist eine Perle piemontesischen Backsteinbarocks (Baumeister: Amedeo di Castellamonte). Besonders hübsch ist die hochbarocke Schlosskapelle mit ihren stuckumschlossenen Malereien und der achteckigen Kuppel.

Nächste Station ist das lebhafte Städtchen **Rivarolo,** das man auf wenig spektakulärer Straße über Ozegna erreicht. Das mittelalterliche *Castello Malgrà (April–Okt. So 15–19 Uhr | Eintritt frei)* mit Zugbrücke liegt am südlichen Stadtrand sehr romantisch hoch über dem Flüsschen Orco. Es besitzt einige sehenswerte Fresken aus dem 15. Jh. Von Rivarolo aus fahren Sie ein Stück zurück in Richtung Agliè, biegen aber noch vor Ozegna rechts in ein kleines Feldsträßchen ein, das gemütlich durch Maisfelder und vorbei an alten, halb verfallenen Gutshöfen nach **San Giorgio Canavese** führt. In diesem stillen Städtchen steht erhöht am Ortsrand das gleichnamige Schloss, ein barockisierter Bau aus dem 12. Jh. mit großem englischem Park und üppiger Inneneinrichtung. Von San Giorgio sind es dann nur wenige Kilometer zur A 5 Aosta–Turin.

2 HÜGELKETTEN UND WEINDÖRFER: DURCH DIE LANGHE

„Andar per Langhe“ nennen es die Piemontesen, wenn sie einen Ausflug in das hügelige Weinland südlich von Alba unternehmen. Und den unternehmen sie gerne, denn die alte Kulturlandschaft der Langhe, dieses Auf und Ab der weinbewachsenen Hügelketten vor dem Hintergrund der oft schneebedeckten Westalpen, ist von großem ästhetischem Reiz. In dieser nur spärlich besiedelten Region wächst der Barolo, einer der besten Rotweine der Welt. Die hier beschriebene Autotour führt mitten hinein ins Reich des Barolo – zu den Weinbergen, den *enoteche,* den Restaurants und den Burgen. Ausgangs- und Endpunkt der Fahrt ist Alba. Nur schlappe 55 km müssen zurückgelegt werden, doch einen Tag sollten Sie schon einplanen – immerhin handelt es sich um eine Genießertour!

In **Alba** *(S. 68)* nehmen Sie die große Ausfallstraße nach Südwesten in Richtung Dogliani, biegen nach 6 km rechts in Richtung Bra ab und fahren gleich darauf links den Hügel ins Dorf **Roddi,** wo man in den Backsteingewölben des Restaurants **La Crota** *(Di geschl. | Piazza Principe Ame-*

deo 1 | Tel. 01 73 61 51 87 | €–€€) gar nicht teuer beste piemontesische Küche genießen kann.

Von Roddi aus geht es durch die ersten Weinberge weiter hinauf nach **Verduno,** dem ersten Barolodorf. Auch das hiesige Schloss war im Besitz Carlo Albertos, eines großen Barolofans, der daraus im 19. Jh. ein Paradeweingut machen wollte. Unterhalb des Schlosses – man kommt aber nur zu Fuß hin – liegt die berühmte, grasbewachsene **Piazza Belvedere** von Verduno mit toller Aussicht über die Langhe. Im Castello kann man nobel schlafen und speisen; ein bisschen rustikaler (und günstiger) geht es im zum Schloss gehörenden *Agriturismo Cà del Re* (Insider Tipp) *(Di geschl. | Via Umberto I 14 | Tel./Fax 01 72 47 02 81 | www.castellodiverduno.com | €€)* mit fünf gemütlichen Zimmern und solider piemontesischer Küche zu.

Weiter geht es zum noch etwas höher gelegenen **La Morra,** einer der wichtigsten Barologemeinden. Man sollte ein paar Schritte durch die malerische Altstadt spazieren, sich in der **Cantina Comunale** *(Via Carlo Alberto 2)* über den Barolo informieren und selbigen gleich einkaufen. Das geht natürlich auch direkt beim Produzenten, z. B. beim Spitzenwinzer **Elio Altare** *(Ortsteil Annunziata | Tel. 017 35 08 35).*

Von La Morra führt die Straße an einer kleinen Feldkapelle und dem heruntergekommenen Castello della Volta vorbei in das Dorf **Barolo** hinab, das dem Wein seinen Namen gab. Als eigentliche Wiege des Barolo gilt das **Schloss,** dessen Herren, die reiche Familie Falletti, diesen Wein erstmals anbauten. Mehr dazu erfahren Sie im schlosseigenen **Museum für Weingeschichte;** eine **Önothek** gehört auch dazu *(Fr–Mi 10–12.30 und 15–18.30 Uhr | www.baroloworld.it).* Interessante Winzer im Ort: z. B. **Luciano Sandrone** *(Via Alba 57)* oder die **Marchesi di Barolo** *(Via Alba 12).*

Weiter geht es gen Süden auf die rauere Alta Langa zu. **Monforte d'Alba,** das in etwa die Grenze markiert, liegt bereits auf 530 m, was eine herrliche Aussicht über die umliegenden Hügel und Weinberge garantiert. Gut einkehren kann man in der **Trattoria della Posta** *(Do geschl. | Ortsteil Sant'Anna 87 | Tel. 017 37 81 20 | €€),* einem der besten Gasthäuser der Langhe. Hier wird klassische, deftige Landküche serviert – mit viel Fleisch. Auf der Piazza XX Settembre gibt es ein Spielfeld für *pallone elastico,* (Insider Tipp) den schwer nachvollziehbaren „National"-Sport der Langhesi.

Von der Straße nach Roddino geht es dann links ab in das auf einem schmalen Bergkamm liegende, romantische **Serralunga d'Alba** mit perfekt erhaltenem mittelalterlichem Kastell. Hier erfand ein Apotheker im 19. Jh. den medizinischen Barolo Chinato, eine Art Bitterbarolo mit umstrittener Heilwirkung. In jedem Fall aber ein guter *digestivo!* Wer beschließt, die Nacht in diesem hübschen Dorf zu verbringen, sei auf das **Ristorante La Rosa dei Vini** *(Mi geschl. | Ortsteil Parafada 4 | Tel. 01 73 61 32 19 | www.larosadeivini.com | €)* verwiesen, wo es neben klassischer piemontesischer Landküche auch sechs Zimmer im rustikalen Stil gibt.

Wen es dagegen weiterzieht, der folgt dem Sträßchen und kommt, am bekannten **Weingut Fontanafredda** vorbei, auf die Hauptstraße Alba–Barolo. Hier geht es gleich an der ersten Kreuzung rechts nach **Grinzane Cavour.** Graf Camillo Benso di Cavour war hier von 1832 bis 1849 Bürgermeister, bevor er sich als piemontesischer Außenminister mit der Einigung Italiens höheren Aufgaben widmete. Gymnasiasten!). Teile des Schlosses sind in ein **Museum** umgewandelt worden, das sich der Bauern- und der Weinkultur widmet. Dazu gehören auch die sehr gut sortierte **Enoteca Regionale dei Vini Piemontesi** *(Mi–Mo 9–19 Uhr)*.

3 km weiter erreichen Sie die letzte Etappe dieser Tour, **Diano d'Alba.** Das

Von Reben umgeben: Schloss Grinzane Cavour ist Sitz einer Önothek und des „Ordens der Ritter der Trüffel und der Weine von Alba"

Das Dorf (1600 Ew.) besteht nur aus wenigen Häusern; sein großer Ruhm im In- und Ausland rührt vom gleichnamigen ★ **Schloss** *(www.castello-grinzane.com)* her, das sich wuchtig über die Landschaft erhebt. In dem perfekt restaurierten Gemäuer wird alljährlich ein bedeutender Literaturpreis verliehen, der „Premio Grinzane Cavour" (in der Jury sitzen auch Dorf steht gewissermaßen nur noch mit einem Bein in der Barolozone, denn in seinen Weinbergen wird zum Großteil Dolcetto d'Alba angebaut, der einen hervorragenden Ruf genießt. In der **Cantina della Porta Rossa** *(Piazza Trento e Trieste 5)* kann man einige probieren. Dann geht es auf gut ausgebauter Straße wieder hinab nach Alba.

EIN TAG RUND UM TURIN

Action pur und einmalige Erlebnisse.
Gehen Sie auf Tour mit unserem Szene-Scout

FRÜHSTÜCK BEI SAMAMBAIA

8:00

Im Café *Samambaia* frühstückt man wie zu Omas Zeiten. Der kleine Nostalgieladen röstet die Kaffeebohnen noch mit der Maschine von 1910. Zum leckeren Cappuccino gibt's Kuchen oder mit Schinken, getrockneten Tomaten und Käse belegte Panini. Unbedingt noch probieren: die Spezialität frittierte Äpfel. **WO?** *Via Madama Cristina 20 | Tel. 011/669 86 24*

9:00

RADL' DEN VALENTINO

Eine sportive Tour durch den *Parco Valentino* steht auf dem Programm. Von April bis Ende Oktober profitieren Biker von einer Aktion der Stadt zusammen mit den Fahrradverleihen: Es gelten Sonderpreise: z. B. eine Stunde für einen Euro in den Parks der Stadt. **WO?** *„Noleggio bici" in der Viale Ceppi nahe dem Osteingang „Giardino Roccioso" | Wegbeschreibung unter www.comune.torino.it*

LESEPARTIE

10:00

Im herrschaftlichen *Palazzo Graneri della Roccia* haben schon die italienische Königstochter Maria Clotilde di Savoia und der Bruder Napoleone Bonapartes das Tanzbein geschwungen. Heute ist der Palast Sitz des Lesezirkel *Circolo dei Lettori*. Bei einem Cappuccino in den Büchern schmökern und die intellektuelle Luft in den Sälen schnuppern. Tipp: Bookcrossing – ein Buch dalassen, eines mitnehmen. **WO?** *Via Bogino 9 | Tel. 011/432 68 27 | www.circololettori.it*

11:00

KOCHEN IM SUPERMARKT

Man mische den Industriecharme einer Ex-Vermouth-Fabrik mit exquisiten Zutaten – und fertig ist der außergewöhnlichste Supermarkt der Region: *Eataly*! Multifunktional dazu: Neben Degustationen sind auch Kochkurse im Angebot. Nun heißt es ran an den Pastateig, Zucchiniblüten frittieren oder Zabaione anrühren. Die Belohnung: ein mehrgängiger Lunch! **WO?** *Via Nizza 230 | Reservierung unter Tel. 011/19 50 68 01 | www.eatalytorino.it*

24 h

GIB GUMMI

13:30

Die gut einstündige Fahrt zur olympischen Skisprungschanze von Pragelato lohnt sich. Snow-Tubing ist angesagt: Im speziellen Gummireifen mit zwei Handgriffen sausen Actionfans im Winter auf Schnee, im Sommer auf Kunstrasen, die Schanze hinunter. Also festhalten und ab die Post! Ein Jeder wie er mag: sitzend oder liegend. **WO?** *Reservierung unter Tel. 0122/782 75 | Kosten: 10 Euro/Std | www.torinolympicpark.org*

15:00

THEATER, THEATER

Einmal hinter die Kulissen blicken! Wie funktioniert so ein Theaterbetrieb eigentlich? Im *Teatro Regio* führt ein Spezialist durch die Werkstätten, in die Schneiderei, zur raffinierten technischen Ausstattung der modernen „Kuppel" des 1973 wieder aufgebauten Theaters und natürlich auf die Bühne. Attenzione! Vielleicht steigt hier nämlich gerade eine Probe. **WO?** *Piazza Castello 215 | Tel. 011/881 52 09 | Kosten: ca. 5 Euro | www.teatroregio.torino.it*

CHILL-OUT IM HAMMAM

17:00

Das tut gut: Nach der Sport- und Kulturaction lässig abhängen! Am besten im *Hamam Al Bab* – ein türkisches Bad, das nach dem Modell der römischen Thermen uminterpretiert wurde. Heißt: Treffpunkt und Zeitvertreib plus Entspannung pur. Im Tepidarium, Caldarium oder bei Massagen kommt der Kreislauf in Schwung. **WO?** *Via Fiochetto 15 | Kosten: ab 10 Euro | www.hamam-torino.it*

20:00

DINNER & MORE

Das *La Rotonda* ist eine Spitzenlocation mit halbkreisförmigen Glasfassaden in der Nähe des Valentino-Parks. Es bietet nicht nur Gourmets hervorragendes Essen, sondern Nachtschwärmern einen Club der Extraklasse. Nach dem Dinner in die obere Etage wechseln und die besten Bands aus Norditalien beim Durchstarten erleben. **WO?** *Corso Massimo D'Azeglio 11 | Tel. 011/669 08 55 | www.rotondavalentino.it*

> HERAUSFORDERUNG HOCHALPEN

Im „Land am Fuß der Berge" können Sie den Berg rund ums Jahr rufen hören: zum Wandern und Klettern, zum Ski- und Kanufahren

> Das Piemont gehört zu den wenigen Regionen Italiens, die nicht ans Meer grenzen. Die mangelnden Gelegenheiten zu maritimen Aktivitäten gleicht das Land durch allerlei erdverbundene Sportarten aus.

Das Piemont liegt, wie der Name schon sagt, „zu Füßen der Berge", und die locken zum Bergsteigen und Wandern, zum Skifahren und zum Rafting. Die Ebenen und Hügellandschaften der Region erarbeitet man sich dagegen sinnvoller per Rad, zu Pferd oder mit dem Golfschläger in der Hand.

ANGELN

Man braucht eine Erlaubnis, um in den Seen, Flüssen und Gebirgsbächen zu fischen. Sie ist gegen eine geringe Gebühr in den Fremdenverkehrsämtern erhältlich. Fischreiche Angelgründe sind der Sesia zwischen Alagna und Varallo, der Orco bei Ivrea und der Tanaro bei Ormea. Hier

SPORT & AKTIVITÄTEN

beißen Forellen, Äschen und Saiblinge. Infos im Internet unter *www.pipam.com*.

BERGSTEIGEN & WANDERN

Bergsteigen ist auf der Südseite der Alpen nicht annähernd so populär wie nördlich davon – vielleicht, weil man sich dabei plagen muss und ins Schwitzen gerät, was die mehr auf *dolce vita* und *bella figura* fixierten Italiener in der Mehrzahl nicht so attraktiv finden. Für Piemontbesucher bedeutet das, dass sie zwar auf eine prächtige, hochalpine Bergwelt treffen, aber auf weniger Infrastruktur, als sie gewohnt sein mögen. Hütten und Wege etwa sind deutlich dünner gesät als in Südtirol, den Zentral- oder Nordalpen. Das ist schade, denn speziell die Cottischen und die Seealpen sind von spektakulärer Schönheit und verdienen intensive „Bewanderung".

Zu den großen bergsteigerischen Herausforderungen im Piemont – nicht in Bezug auf die technische Schwierigkeit, sondern auf die Länge der Unternehmung – gehört die ★ *Grande Traversata delle Alpi (GTA),* ein 1000 km langer Fernwanderweg, der von den ligurischen Alpen in der Provinz Cuneo bis nach Domodossola führt und in 55 bequeme Etappen aufgeteilt ist. Tourenvorschläge und Informationen: *Club Alpino Italiano (CAI) | Tel. 01 15 11 94 80* | *www.caipiemonte.it*. Auch auf der Website *www.italienwandern.de* finden sich schöne Vorschläge. Wers bedächtiger liebt: Auch Insider Tipp in der *collina* von Turin, den Hügeln am östlichen Poufer, lässt es sich gemütlich wandern. Den Wanderführer „Sentieri della collina torinese" gibt es im italienischen Buchhandel.

GOLF

36 Golfplätze gibt es im Piemont – mit einer deutlichen Konzentration um die Hauptstadt Turin einerseits und die Gegend westlich des Lago Maggiore andererseits. 20 Plätze haben sich unter dem Namen Green Team und unter der Schirmherrschaft der Region zusammengeschlossen, um – laut Eigenauskunft – „die Schönheiten des Piemont zu promoten" und gemeinsame Qualitätsstandards zu gewährleisten. Allgemeine Informationen: *Federgolf | Tel. 063 23 18 25* | *www.federgolf.it*

KANU, RAFTING & CANYONING

An Wildwassern fehlt es nicht in den piemontesischen Bergen. Als besonders geeignet für Abenteuerfahrten in Kanu und Schlauchboot gelten der Sesia in der Valsesia, die Stura di Demonte bei Cuneo und die Dora Riparia im Susatal. Wer die Flüsse nicht kennt, sollte sich erst bei den örtlichen Verkehrsämtern über geeignete Abschnitte und den aktuellen Wasserstand informieren Eine Reihe von

Die Bergflüsse im nördlichen Piemont: Herausforderung für Paddler

Organisationen bieten geführte Kanu- und Raftingtouren an und haben oft auch Kinderkurse im Angebot: in Balmuccia *Centro Canoa e Rafting Monrosa (Via Roma 1 | Tel. 016 37 52 98 | www.monrosarafting.it);* in Settimo Torinese *OK Adventure Company (Via Vercelli 3 | Tel. 33 56 28 27 28 | www.okadventure.it);* in Demonte *Kayak Explorer (Via Nazionale 14 | Tel. 01 72 71 54 55 | www.kerafting.it).* Die beiden Letzteren bieten auch Canyoning an – auf Italienisch heißt das *hydrospeed.* Allgemeine Auskünfte: *Associazione Italiana Rafting | Tel./Fax 01 65 76 27 11 | www.federrafting.it*

KUREN & WELLNESS

Zu den ganz prominenten Thermalbädern mit internationalem Flair gehört Acqui Terme zwar nicht, doch dafür besticht es durch intimen, gemütlichen Charme. Es gibt drei Thermen mit vielfältigen Kur-, Wellness- und Schönheitseinrichtungen. Das Heilwasser enthält Natrium, Brom und Jod und wird besonders bei Erkrankungen der Atemwege empfohlen. *Terme di Acqui SpA | Via XX Settembre 5 | Tel. 01 44 32 43 90 | Fax 01 44 35 60 07 | www.termediacqui.it*

LAUFEN

Laufen, joggen und rennen kann man im Piemont wie überall sonst auch. Warum dann dieser Eintrag? Weil Turin alljährlich in der zweiten Aprilhälfte seinen Turin-Marathon *(www.turinmarathon.it)* austrägt, der jedes Jahr auf einer anderen Route durch und um die Stadt herum führt. Informationen: *Tel. 011 53 51 81 | www.turismotorino.org*

Insider Tipp

REITEN

Die Fremdenverkehrsämter vermitteln Adressen von Reitställen *(maneggio).* Oft verfügen auch *agriturismi* über Reitpferde. Etwas Besonderes ist das Angebot von *Alpitrek (Via Villa 9 | Tel. 01 19 37 69 17 | www.alpitrek.it)* in Giaveno bei Turin: Es werden mehrtägige Ritte in die Berge veranstaltet – inklusive Biwak unterm Sternenhimmel!

SEGELN & SURFEN

Auch wenn kaum jemand um des Segelns oder Surfens willen ins Piemont reisen wird – möglich ist es! In jedem größeren Uferort des Lago Maggiore können Sie Surfbretter und Segelboote mieten oder einen Kurs belegen. Als Mekka all derjenigen Segelfreunde, denen das Mittelmeer zu weit ist, gilt der Lago di Viverone in der Nähe von Ivrea. Topsegelschule hier ist die *Scuola Vela d'Altura (Via Gattinara 6 | Tel./Fax 01 61 98 70 88 | www.veladaltura.it)* in Viverone.

SKIFAHREN

In den bis zu 4000 m hohen Seealpen herrscht an Skibergen und Liften kein Mangel – mit dem *Via Lattea* (Milchstraße) genannten Pistenzirkus hat sich hier das größte zusammenhängende Skigebiet Italiens angesiedelt. Zwischen Sestriere, Cesana, Claviere, Sansicario, Sauze d'Oulx und dem französischen Montgenèvre liegen 400 Pistenkilometer, 88 Aufstiegshilfen – und eine Liftleistung von mehr als 100 000 Skifahrern pro Stunde! Informationen: *IAT Sestriere | Tel. 01 22 75 54 44 | www.montagnedoc.it*

TIERE, SPASS & ABENTEUER

Das Piemont ist kein Kinderparadies – aber es liegt im Märchenland Italien

> Allzu viele Kinderattraktionen gibt es nicht im Piemont. Aber die Kleinen werden trotzdem schon deshalb ihren Spaß haben, weil es wie überall in Italien Eis, Pizza und Spaghetti gibt. Und Kellner, die fast nie schimpfen!

POEBENE & CANAVESE

ONDALAND IN VICOLUNGO [124 C6]

Der große Wasserpark bietet Wasserrutschen jeglicher Länge, dazu Freibäder mit und ohne Wellengang. *Juni bis Aug. tgl. 10–19 Uhr | 20 Euro, Kinder 15 Euro, Nachmittagskarte ab 14 Uhr 16,50/12,50 Euro | Via Case Sparse 1 | Vicolungo | www.ondaland.it*

SAFARIPARK IN POMBIA [125 D5]

Mit dem Auto durch den „Dschungel" an der SS 32 südlich des Lago Maggiore und an seinen Bewohnern vorbei: Büffeln, Tigern, Affen und dem seltenen weißen Löwen! Hüpfburg, Riesenrutsche und Wasserskooter sind auch im Programm. *Jan./Feb. und Nov. tgl. 10–16, März und Okt. Mo–Fr 10–18, Sa/So 9–19, April–Sept. tgl. 9–19 Uhr | 17 Euro, Kinder 12 Euro | www.safaripark.it*

WESTALPENBOGEN

CENTRO CICOGNE RACCONIGI [127 E3] Insider Tipp

Ein Bauernhof, der Störchen auf Wanderschaft als Rastplatz dient und in dem in Gefangenschaft geborene Kleinstörche aufgezogen werden. Für Kinder ein echtes Erlebnis! *Tgl. 10 Uhr–Sonnenuntergang | 4 Euro, Kinder 3 Euro | Cascina Stramiano | www.cicogneracconigi.it*

PONTE TIBETANO IN CLAVIERE [126 B2]

Eine der längsten Hängebrücken der Welt wurde anlässlich der Olympischen Winterspiele 2006 in den piemontesischen Bergen zwischen den Skidörfern Cesana und Clavière befestigt. Auf einer Länge von 468 m bewegt man sich über 1180 Sprossen schwankend über das reißende Flüsschen Dora Piccola. Ein echtes Abenteuer für alle, die größer als 1,20 m sind! *Juli/Aug. tgl. Juni und Sept. Sa/So 9–17 Uhr | 8 Euro, Kinder 5 Euro, Leihausrüstung (Klettergurte, Helm etc.)*

> MIT KINDERN UNTERWEGS

5 Euro | Eingang bei der Campingzone | Claviere/Val di Susa | www.montagnedoc.it

SCOPRIMINIERA IN PRALI [126 C2]
Die längste Talkmine Europas (3 km unterirdische Gänge!) kann man in der hintersten Val Germanasca in Grubenwägelchen erfahren und auf geführten Touren erwandern. Dabei lernt man viel über das entbehrungsreiche Leben der Bergbewohner im 19. Jh. *Voranmeldung unter Tel. 01 21 80 69 87 notwendig | März–Sept. Mi–Mo, Okt./Nov. Do–Mo 9.30–12.30 und 13.30–17 Uhr | je nach Tour und Dauer ab 9 Euro, Kinder ab 7,50 Euro | Prali | www.scopriminiera.it*

MONFERRATO & LANGHE

AGRIGELATERIA SAN PÈ [128 A2–3]
Wo die Milch fürs Eis von den eigenen Kühen stammt und die Zutaten unbehandelt und ohne Farbstoffe sind, spendiert man seinen Kindern gern eine Kugel mehr in die Waffel. Die freuen sich auf diesem Eis-Bauernhof aber auch über einen schönen Spielplatz im Grünen. *Mai–Mitte Sept. tgl., Mitte Feb. bis April und Mitte Sept.Okt. Fr–So 10.30 bis 24 Uhr | Poirino | Cascina San Pietro | www.agrigelateria.it*

PARCO ACQUATICO BOLLE BLU IN BORGHETTO DI BORBERA [129 E3]
Mehrere Schwimmbecken mit Wellenanlage, Riesenrutschen, Whirlpool, Kinderspielplatz, Disko und andere Vergnügungen. *Juni–Mitte Sept. tgl. 9.30–19 Uhr | 15 Euro, So 17 Euro, Kinder 11,50/12,50 Euro, Vergünstigungen nach 14.30 und nochmals nach 16.30 sowie Mo–Sa zwischen 12 und 15 Uhr | Borghetto di Borbera | Ortsteil Il Mulino 7 | www.bolleblu.it*

TURIN

MUSEO DELLE MARIONETTE [U D3]
Familie Lupi, seit dem 18. Jh. Marionettenspieler, stellt hier ihre entzückenden Puppen aus. *Geöffnet nach Vereinbarung | Tel. 011 53 02 38 | 3 Euro, keine Kinderermäßigung | Via Santa Teresa 5*

> VON ANREISE BIS ZOLL

Urlaub von Anfang bis Ende: die wichtigsten Adressen und Informationen für Ihre Piemontreise

ANREISE

AUTO

Am einfachsten über Zürich/Basel und durch den Sankt-Gotthard-Tunnel oder via Chur durch den San-Bernardino-Tunnel. Von Mailand sind es dann noch 130 km nach Turin. Eine schöne, aber zeitraubende Variante: ab Locarno am Westufer des Lago Maggiore entlang. Auch die Anreise im Autozug *(www.autoreisezug.de)* nach Alessandria ist möglich; von dort ist es nur ein Katzensprung ins Monferrato und keine Stunde bis Turin.

BAHN

Sowohl von München (via Brenner und Verona) als auch von Basel (via Chiasso) bestehen Zugverbindungen nach Mailand. Von dort starten im Stundentakt Regional-, IC- und TAV-Züge (Hochgeschwindigkeitszüge) über Novara und Vercelli zum Turiner Hauptbahnhof Porta Nuova. Hier gibt es Anschlüsse in die piemontesische Provinz. *www.ferroviedellostato.it*

FLUGZEUG

Die Lufthansa bietet von einigen deutschen Städten Direktflüge nach Turin an. Der Turiner internationale Flughafen Caselle liegt 18 km nördlich des Zentrums; es gibt einen Bus, der in 30 Minuten zur Stazione Porta Nuova fährt. Häufigere und günstigere Verbindungen bestehen zu Mai-

PRAKTISCHE HINWEISE

lands Flughafen Malpensa. Billigflüge gibt es zum Flughafen Orio al Serio bei Bergamo östlich von Mailand.

AUSKUNFT

STAATLICHES ITALIENISCHES FREMDENVERKEHRSAMT ENIT

– *Neue Mainzer Str. 26 | 60311 Frankfurt | Tel. 069/23 74 34 | Fax 23 28 94*

– *Kärntnerring 4 | 1010 Wien | Tel. 01/505 16 39 | Fax 505 02 48*

– *Uraniastr. 32 | 8001 Zürich | Tel. 04 34 66 40 40 | Fax 04 34 66 40 41*

– *www.enit.it*

KULTUR- UND MUSEENHOTLINE

Gebührenfreie Telefonnummer, unter der man sich (auch auf Deutsch) schon von zu Hause aus informieren und Tickets vorbestellen kann: *008 11 13 33 00*

AUTO

Vorgeschrieben sind Führerschein und Fahrzeugschein, empfohlen wird die grüne Versicherungskarte. Die Höchstgeschwindigkeit beträgt im Stadtverkehr 50, auf Landstraßen 90, auf Schnellstraßen *(superstrade)* 110 und auf Autobahnen *(autostrade)* 130 km/h. Die Promillegrenze liegt bei 0,5. Autobahnen kosten Maut *(pedaggio)*, die man bar oder mit Kreditkarte bezahlen kann. Viele Tankstellen (außer auf der Autobahn) haben über Mittag und am Sonntag fast immer geschlossen, verfügen aber oft über Automaten. Außerhalb geschlossener Ortschaften muss auch tagsüber das Abblendlicht eingeschaltet werden, und wer außerorts bei einer Panne das Fahrzeug verlässt, muss eine Warnweste tragen. Bei Pannen hilft der *ACI (Automobile Club d'Italia) | Tel. 80 31 16.*

WAS KOSTET WIE VIEL?

> **KAFFEE**	**1,10–1,30 EURO** in der Stehbar für einen Cappuccino
> **IMBISS**	**2–4 EURO** für ein belegtes *panino*
> **WEIN**	**AB 2 EURO** für eine Karaffe (0,25 l)
> **APERITIF**	**AB 5 EURO** für Aperitif und Häppchenbuffet in der Bar
> **BENZIN**	**UM 1,20 EURO** für 1 l Super bleifrei
> **BUSFAHRT**	**1 EURO** für eine Busfahrt in Turin

DIPLOMATISCHE VERTRETUNGEN

DEUTSCHES KONSULAT MAILAND

Via Solferino 40 | Tel. 026 23 11 01

ÖSTERREICHISCHES KONSULAT TURIN

Corso Matteotti 28 | Tel. 01 14 40 78 20

SCHWEIZER KONSULAT MAILAND
Via Palestro 2 | Tel. 027 77 91 61

GELD & KREDITKARTEN

Viele Banken besitzen einen *bancomat,* an dem man mit der ec- oder Kreditkarte Bargeld abheben kann. Die gängigen Kreditkarten werden in Hotels, an Tankstellen, in Boutiquen und Restaurants angenommen, allerdings nicht in jeder kleinen Trattoria um die Ecke.

INTERNET

Auf *www.torinopiupiemonte.it,* der Website des piemontesischen Tourismusministeriums, gibts jede Menge Wissenswertes zu Sehenswürdigkeiten, Sport und Kultur plus maßgeschneiderte Reiseangebote – auch auf Deutsch. Die Kultursite *www.piemontefeel.it* bringt alles über Museen, Ausstellungen und Veranstaltungen, außerdem eine Reihe von Reiserouten einschließlich Einkaufstipps und Rezepten. *www.piemondo.it* ist eine sehr ausführliche Site mit Unterkunftsverzeichnis, Veranstaltungskalender, Routenvorschlägen und vielem mehr. Die Italienwebsite mit den raffiniertesten Tipps von Autobahngebühren bis Handy ist *www.italia-teletour.de*. Ob im Piemont die Sonne scheint, erfährt man auf *www.meteo.it*.

INTERNETCAFÉS & WLAN

Zwei gute Internetcafés in Turin: *bu.net (Via San Quintino 13 | Tel. 01 14 40 75 17 | www.il-bu.net); Mic & Mar (Via Vespucci 38 | Tel. 011 19 71 64 50 | www.micmarinternet.it). Wifi,* wie WLAN in Italien heißt, ist im Piemont noch nicht besonders weit verbreitet. Am ehesten trifft man es bisher in modernen Hotels an.

MIETWAGEN

Die großen Verleiher haben Vertretungen in allen größeren Städten. Einen Kleinwagen erhält man ab ca. 50 bis 60 Euro pro Tag, Wochenpauschalen beginnen bei ca. 300 Euro.

WETTER IN TURIN

	Jan.	Feb.	März	April	Mai	Juni	Juli	Aug.	Sept.	Okt.	Nov.	Dez.
Tagestemperaturen in °C	4	7	13	18	22	28	30	29	24	17	10	5
Nachttemperaturen in °C	−3	−1	4	8	12	16	19	18	14	9	4	0
Sonnenschein Std./Tag	3	4	5	6	7	7	8	7	6	4	3	2
Niederschlag Tage/Monat	5	4	6	8	11	6	6	5	6	6	6	6

PRAKTISCHE HINWEISE

NOTRUF

Notarzt, Polizei, Rettungswagen: *113;* Carabinieri: *112;* Feuerwehr *(vigili del fuoco): 115*

ÖFFENTLICHE VERKEHRSMITTEL

Die erste Turiner U-Bahn-Linie führt von der westlichen Stadtgrenze zum Bahnhof Porta Nuova. Daneben gibt es – obgleich die Turiner immer noch am liebsten im eigenen Auto unterwegs sind – ein ausgedehntes Bus- und Trambahnnetz. Tickets müssen vor Fahrtantritt gekauft (Kioske, Tabakgeschäfte, Parkautomaten) und an Bord entwertet werden. Auch wer in den Zug steigt, muss sein Ticket schon erworben und entwertet haben.

ÖFFNUNGSZEITEN

In Turin sind Lebensmittelgeschäfte meist Mo bis Sa 8.30 bis 13 und 16 bis 19.30 Uhr geöffnet und – bis auf Metzgereien – Mi-Nachmittag geschlossen. Kaufhäuser und alle anderen Geschäfte öffnen von 9 bis 12.30 und von 16 bis 19.30 Uhr; hier ruht die Arbeit meistens Mo-Vormittag. Große Supermärkte haben oft auch über Mittag geöffnet.

POST

Briefmarken bekommt man am schnellsten in Tabakgeschäften. Das Porto (Karte oder Brief) in EU-Länder und die Schweiz beträgt 65 Cent.

TELEFON & HANDY

Es empfiehlt sich der Erwerb einer Telefonkarte *(scheda telefonica)* im Tabakgeschäft oder am Kiosk. Vorwahlen: Deutschland *0049,* Österreich *0043,* Schweiz *0041,* Italien *0039.* In Italien gibt es keine Vorwahlen, auch aus dem Ausland muss die Null am Anfang der Nummer stets mitgewählt werden. Der Handyempfang ist – von Bergregionen abgesehen – gut. Wem sein deutsches Handy in Italien zu teuer wird, der kann auf Prepaidchips italienischer Anbieter zurückgreifen (z. B. im Internet über *www.globilo.de*).

TORINO + PIEMONTE CARD

Mit dieser Karte erhalten Touristen kostenlosen Eintritt in über 160 Museen, Schlössern und anderen Sehenswürdigkeiten sowie Rabatte bei zahlreichen Transport-, Sport- und Vergnügungseinrichtungen. Für zwei Tage kostet die Card 18, für sieben Tage 35 Euro; ein Kind unter zwölf Jahren ist pro Card inbegriffen. Erhältlich ist sie in allen Tourismusämtern. *www.torinopiupiemonte.com*

UNTERKUNFT

Immer beliebter: *agriturismo,* Wohnen und Essen auf dem Bauernhof. Verschiedene Organisationen bieten Adressen an, z. B. *Agriturist (Tel. 01 15 62 32 97 | www.agriturist.it).* Ein Verzeichnis der Campingplätze verschicken auf Anfrage die Enit-Büros. Die Auswahl an Jugendherbergen ist bescheiden. Informationen bei der *AIG (Tel. 064 87 11 52 | www.aighostels.com).*

ZOLL

In der EU ist die Ein- und Ausfuhr von Waren für den persönlichen Verbrauch frei, u. a. 10 l Spirituosen und 90 l Wein. Für Schweizer sowie bei Durchreise durch die Schweiz gelten deutlich geringere Freimengen.

> PARLI ITALIANO?

„Sprichst du Italienisch?" Dieser Sprachführer hilft Ihnen, die wichtigsten Wörter und Sätze auf Italienisch zu sagen

Aussprache

c, cc	vor „e, i" wie deutsches „tsch" in deutsch, Bsp.: die**ci**, sonst wie „k"
ch, cch	wie deutsches „k", Bsp.: pa**cchi**, **che**
ci, ce	wie deutsches „tsch", Bsp.: **cia**o, **cio**ccolata
g, gg	vor „e, i" wie deutsches „dsch" in Dschungel, Bsp.: **ge**nte
gl	ungefähr wie in „Familie", Bsp.: fi**gli**o
gn	wie in „Cognak", Bsp.: ba**gno**
sc	vor „e, i" wie deutsches „sch", Bsp.: u**sci**ta
sch	wie in „Skala", Bsp.: **Isch**ia
sci	vor „a, o, u" wie deutsches „sch", Bsp.: la**scia**re
z	immer stimmhaft wie „ds"

Ein Akzent steht im Italienischen nur, wenn die letzte Silbe betont wird. In den übrigen Fällen haben wir die Betonung durch einen Punkt unter dem betonten Vokal angegeben.

AUF EINEN BLICK

Ja./Nein./Vielleicht.	Sì./No./Fọrse.
Bitte./Danke./Vielen Dank!	Per favọre./Grạzie./Tạnte grạzie.
Gern geschehen.	Prẹgo!/Non c'è di che!
Entschuldigen Sie!	Scụsi!
Wie bitte?	Cọme dịce?/Prẹgo?/Cọme, scụsi?
Guten Morgen/Tag!	Buon giọrno!
Guten Abend!/Nacht!	Buọna sẹra!/Buọna nọtte!
Hallo!/Grüß dich!	Ciạo!
Ich verstehe Sie/dich nicht.	Non La/ti capịsco.
Ich spreche nur wenig Italienisch.	Pạrlo sọlo un po' di italiạno.
Können Sie mir bitte helfen?	Mi può aiutạre, per favọre?
Wie geht es Ihnen/dir?	Cọme sta/stại?
Wie heißen Sie?/Wie heißt du?	Cọme si chiạma?/Cọme ti chiạmi?
Ich heiße …	Mi chiạmo …
Ich komme aus …	Sọno …
… Deutschland.	… dẹlla Germạnia.
… Österreich.	… dell' Austria.
… der Schweiz.	… dẹlla Svịzzera.
Auf Wiedersehen!/Tschüss!	Arrivedẹrci!/Ciạo!
Bis bald!/Bis morgen!	A prẹsto!/A domạni!
Hilfe!	Aiụto!
Rufen Sie bitte schnell …	Chiạmi sụbito …

… einen Krankenwagen.	… un'autoambulạnza.
… die Polizei.	… la polizịa.

UNTERWEGS

Bitte, wo ist …	Scụsi, dov'è …
… der Bahnhof?	… la staziọne?
… der Flughafen?	… l'aeropọrto?
… die Haltestelle?	… la fermạta?
… der Taxistand?	… il postẹggio di tassì?
Zum … Hotel.	All'albẹrgo …
Bus/Fähre/Zug	l'autobụs/il traghẹtto/il trẹno
Bitte, einen Fahrschein nach …	Un bigliẹtto per …, per favọre.
Entschuldigung, wie komme ich nach …?	Scụsi, per andạre a …?
Immer geradeaus bis …	Sẹmpre dirịtto fịno a …
Dann links/rechts abbiegen.	Poi svọlti a sinịstra/dẹstra.
nah/weit	vicịno/lontạno
Überqueren Sie …	Attravẹrsi …
… die Brücke.	… il pọnte.
… den Platz.	… la piạzza.
… die Straße.	… la strạda.
Ich möchte … mieten.	Vorrẹi noleggiạre …
… ein Auto …	… ụna mạcchina.
… ein Fahrrad …	… ụna biciclẹtta.
… ein Boot …	… ụna bạrca.
offen/geschlossen	apẹrto/chiụso
drücken/ziehen	spịngere/tirạre
Eingang/Ausgang	ingrẹsso/uscịta
Wo sind bitte die Toiletten?	Dov'è il bạgno, per favore?
Damen/Herren	signọre/signọri

SEHENSWERTES

Wann ist das Museum geöffnet?	Quạndo è apẹrto il musẹo?
Wann beginnt die Führung?	Quạndo comịncia la vịsita con la guịda?
Altstadt	il cẹntro stọrico
Ausstellung	la mọstra/l'esposiziọne
Denkmal	il monumẹnto
Friedhof	il cimitẹro
Galerie	la gallerịa (d'ạrte)
Gottesdienst	la mẹssa/la funziọne sạcra

Kirche	la chiẹsa
Rathaus	il municịpio
Schloss/Burg	il castẹllo
Stadtplan	la pịanta dẹlla città
Stadtrundfahrt	il gịro dẹlla città
Theater	il teạtro
Turm	la tọrre

DATUMS- & ZEITANGABEN

Montag	lunedì
Dienstag	martedì
Mittwoch	mercoledì
Donnerstag	giovedì
Freitag	venerdì
Samstag	sạbato
Sonntag	domẹnica
heute/morgen/gestern	ọggi/domạni/iẹri
täglich	tụtti i giọrni, giornaliẹro
Wie viel Uhr ist es?	Che ọre sọno?
Es ist 3 Uhr.	Sọno le tre.
Es ist halb 4.	Sọno le tre e mẹzza.
Es ist Viertel vor 4.	Sọno le quạttro mẹno un quạrto.
Es ist Viertel nach 4.	Sọno le quạttro e un quạrto.

ESSEN & TRINKEN

Die Speisekarte, bitte.	Il menù, per favọre.
Ich nehme …	Prendo …
Bitte ein Glas …	Per favọre un bicchiẹre di …
Besteck	le posạte
Messer/Gabel/Löffel	il coltẹllo/la forchẹtta/il cucchiạio
Vorspeise/Hauptspeise	l'antipạsto/il secọndo
Nachspeise	il dessẹrt, il dọlce
Salz/Pfeffer/Zucker	il sạle/il pẹpe/lo zụcchero
scharf/salzig	piccạnte/salạto
Ich bin Vegetarier/in.	Sọno vegetariạno/a.
Das Essen war ausgezeichnet.	(Il mangiạre) ẹra eccellẹnte.
Trinkgeld	la mạncia
Die Rechnung, bitte.	Il cọnto, per favọre.

EINKAUFEN

Wo finde ich …?	Dọve pọsso può trovạre …?
Apotheke	ụna farmacịa
Bäckerei	un panifịcio
Kaufhaus	un grạnde magazzịno

Lebensmittelgeschäft	un negọzio di gẹneri alimentạri
Markt	un mercạto
Supermarkt	un supermercạto
Zeitungshändler	un giornalạio
Gibt es …?/Haben Sie …?	C'è …?/Ha …?
Ich möchte …	Vorrẹi …
Eine Einkaufstüte, bitte.	Una bụsta, per favọre.
Das gefällt mir (nicht).	(Non) mi piạce.
Wie viel kostet es?	Quạnto cọsta?
Nehmen Sie Kreditkarten?	Accẹtta cạrte di crẹdito?

ÜBERNACHTEN

Ich habe ein Zimmer reserviert.	Ho prenotạto ụna cạmera.
Haben Sie noch …	È lịbera …/Avẹte ancọra …
… ein Einzelzimmer?	… ụna sịngola?
… ein Doppelzimmer?	… ụna dọppia?
mit Dusche/Bad	con dọccia/bạgno
für eine Nacht	per ụna nọtte
Was kostet das Zimmer mit Frühstück?	Quạnto cọsta la cạmera con la prịma colaziọne?

PRAKTISCHE INFORMATIONEN

Können Sie mir einen Arzt empfehlen?	Mi può consigliạre un mẹdico?
Kinderarzt	il pediạtra
Zahnarzt	il dentịsta
Ich habe hier Schmerzen.	Ho dẹi dolọri qui.
Ich habe Fieber.	Ho la fẹbbre.
Eine Briefmarke, bitte.	Un francobọllo, per favọre.
Postkarte	ụna cartolịna
Wo ist bitte eine Bank?	Scụsi, dọve pọsso trovạre ụna bạnca?
Geldautomat	il bancomạt

ZAHLEN

1	ụno	11	ụndici
2	dụe	12	dọdici
3	tre	20	vẹnti
4	quạttro	21	ventụno
5	cịnque	50	cinquạnta
6	sẹi	100	cẹnto
7	sẹtte	200	duecẹnto
8	ọtto	1000	mịlle
9	nọve	1/2	un mẹzzo
10	diẹci	1/4	un quạrto

Rosignano Monferrato

> UNTERWEGS IM PIEMONT

Die Seiteneinteilung für den Reiseatlas finden Sie auf dem hinteren Umschlag dieses Reiseführers

REISE ATLAS

10 km
A
B
C
LAUSANNE
Morges
Prilly
Crissier
Lutry
Cully
Glerolles
Vevey
Montreux
Chillon
Châtelard
Châtel-St-Denis
Albeuve
Les Moulins
Villeneuve
Col des Mosses
Rachers
Leysin
Aigle
Ollon
Monthey
Bex
St. Maurice
Evionnaz
Vernayaz
Martigny
Dents du Midi
Le Léman
Bière
Gimel
Aubonne
Bussy-Chardonney
Signal de Bougy
St-George
Col de la Giurine
St-Cergue
Bursins
Rolle
Allaman
Begnins
Trélex
Nyon
Crans
Divonne-les-Bains
Coppet
Hermance
Versoix
Genthod
Ferney-Voltaire
GENÈVE
Onex
Lancy
Chêne-Bourg
Annemasse
Douvaine
Chens-sur-Léman
Yvoire
Sciez
Thonon-les-Bains
Évian-les-Bains
Meillerie
St-Gingolph
Rennaz
Vouvry
Vionnaz
Bons-en-Chablais
Vésenaz
Perrignier
Reyvroz
Bioge
Vacheresse
Vailly
Col de Cou
Col de Saxel
Habère-Poche
Col de Jambaz
Bellevaux
Mégevette
Boëge
la Bergue
Bonne
St-Jeoire
la Dranse
le Biot
St-Jean-d'Aulps
Abondance
Châtel
Pas de Morgins
Morgins
Val-d'Illiez
Champéry
Avoriaz
Morzine
les Gets
Taninges
Route des Grandes Alpes
Haute-Savoie
Mont Salève
Reignier
Villy
la Roche s.-F.
Bonneville
la Roche-s.-Foron
Col d'Evires
Marignier
Châtillon
Giffre
Samoëns
Faucigny
Vougy
Cluses
Magland
le Reposoir
Pralong
Arâches
Flaine
Col de la Colombière
Pte Percée
Sallanches
Autoroute Blanche
Tête à l'Ane
le Brévent
la Flégère
le Montenvers
Chamonix-M.-B.
Aig. du Midi
Mt. Dolent
Grandes Jorasses
Lac d'Emosson
Finhaut
Gietroz
Vallorcine
Col de la Forclaz
Plan-du-Lac
Cascade
Mt Buet
Col des Montets
Argentière
Menthonnex-en-Bornes
Groisy
Cruseilles
Thorens-Glières
Monthoux
Les Crêts Blancs
le Grand-Bornand
St-Jean-de-Sixt
La Clusaz
Combloux
le Fayet
St-Gervais-les-Bains
l'Arve
les Houches
Tunnel du Mt Blanc
Mont Blanc
Mte. Bianco
Monte Bianco
les Contamines-Montjoie
Entrèves
Courmayeur
La Visaille
Morgex
Pré-St-Didier
La Thuile
FRANCE
Savoie
Genevois
le Fier
Annecy
Thuy
Veyrier-du-Lac
Menthon-St-Bernard
Sévrier
Le Treige
Talloires
Lac d'Annecy
Duingt
la Tournette
Thônes
Col des Aravis
Chaîne des Aravis
Megève
Flumet
Serraval
Verthier
Leschaux
Faverges
Ugine
l'Arly
Hauteluce
Villard-s.-Doron
Beaufort
Grottes de Seythenex
Route des Grandes Alpes
Lescheraines
le Châtelard
Bauges
Albertville
Conflans
Arèches
Bge. de Roselend
Massif de Beaufort
Tours-en-Savoie
les Chapieux
Col du Petit St-Bernard
Colle del Picc. San Bernardo
Hospice
la Rosière
Testa del Rutor
Val Grisenche
Bourg-St-Maurice
Ste-Foy-Tarent.
Surier
Notre-D.
Aig. de la Grande Sassière
Grésy-s.-Isère
St-Pierre-d'Albigny
L'Arclusaz
Cevins
Aiton
Aiguebelle
Chamoux-s.-Gelon
Val+Gelon
Tarentaise
Aime
Bellentre
Peisey-Nancroix
la Plagne
Moûtiers
les Boisses
Tignes
Lac du Chevril
Val-d'Isère
Grd Pic de la Lauzière
St-Pierre
la Rochette
Epierre
Brides-l.-Bains
Bozel
Planay
Champagny-en-Vanoise
Pte de la Grande Casse
Courchevel
Pralognan-la-Vanoise
Allevard
St-François
St-Martin-de-Belleville
Méribel
Parc National de la Vanoise
Massif de la Vanoise
Chaîne de Belledonne
Pinsot
St.-Etienne-de-Cuines
la Chambre
Ste-Marie
Hermillion
St.-Colomban-des Villards
St-Jean-de-Maurienne
Maurienne
Autoroute Maurienne
Les Menuires
Val-Thorens
Aiguille de Péclet
Lanslebourg-Mont-Cenis
Lanslevillard
Bessans
Bonneval-s.-Arc
Termignon
Col du Mt Cenis
Pte de Ronce
Belvedere
Massif du Mt Cenis
Aussois
Modane
Bramans
Col du Glandon
Col de la Croix de Fer
St. Sorlin
St. Michel-de-M.
St-Michel
Albiez-le-Vieux
Avérole
Rhêmes
GENÈVE
Col de la Giurine
Villy
Col du Glandon

126

Zweisimmen
Saanenmöser
Saanen
Gstaad
Obersimmental
Simme
Lenk
Albristhorn 2762
Adelboden
Fallbach
Griesalp
Felsenburg
Oeschinensee
Kandersteg
Blümlisalp 3664
Stechel-Jungfrau-berg
Jungfraujoch (3475)
Finsteraarhorn 4274
Aletschhorn 4195
Eggishorn 2927
Lötschberg-basistunnel
Lötschental
Jungfrau-Aletsch-Bietschhorn-gebiet
Gr. Aletschgletscher
Gummfluh
Lauenen
Wildstrubel 3244
Gemmip. (2314)
Balmhorn 3709
Blatten
Bietschhorn 3934
Kippel
Aletschwald
Fiesch
Ernen
Les Diablerets
Gsteig
Sanetschfall
Wildhorn 3248
Bella Lui 2548
Leukerbad
Goppenstein
Belalp
Blatten
Naters
Mörel
Col du Sanetsch (2251)
Montana
Crans
Sierre
Leuk
Susten
Vietum
Stockalperschloss
Raron
Visp
Brig
Berisal
Turtmann
Unterbäch
Oberems
Ayent
Diablerets
Sion (Sitten)
Conthey
Vex
Rhône
Vissoie
Chandolin
Bella Tola 3025
Val d'Anniviers
Zwingherrenschloss
Stalden (VS)
Saltinaschlucht
Simplonpass (2005)
M. Leone 3246
Embd
Simplon
Gondo
Gondoschlucht
Meide
Valais / Wallis
Leytron
Riddes
Isérables
Haute-Nendaz
Mayens-de-Riddes
Pyramides
Euseigne
Grimentz
Ayer
Zinal
St.-Niklaus
Saastal
Saas Balen
Fletschhorn 3993
Saas Fee
Saas Grund
Verbier
Pralong
Val d'Hérens
Evolène
Weisshorn 4505
Mattertal
Matter Vispa
Dom 4545
Täsch
Saas Almagell
Antrona-piana
Le Châble
Mt. Gelé 3023
Mt. Fort 3329
Lac des Dix
Les Haudères
Ferpècle
Walliser Alpen
Längfluh 2870
Mittel Allalin 3456
Rimpfischhorn 4199
Schieranco
Anzasca
Val de Bagnes
Fionnay
Orsières
Val d'Entremont
Arolla
Zermatt
Gornergratbahn
Gornergl.
Macugnaga
Valle
Ceppo Morelli
Vanzone
Liddes
Bourg-St.-Pierre
Matterhorn 4478
M.te Cervino
Gornergrat 3135
Dufourspitze 4634
Monte Rosa
Cusio-Ossola
Grd. Combin 4314
Gl. d'Otemma
Durance
Breuil-Cervinia
Klein Matterhorn 3131
Carcóforo
Rima-San Giuseppe
Valpelline
Bionaz
Valtournenche
Colle del Gran San Bernardo
Vaud
St.-Jacques
Stàval
Alagna-Valsesia
Rimasco
Vachéry
Etroubles
Valpelline
Valle d'Aosta / Vallée d'Aoste
Val d'Ayas
Champoluc
Gressoney-la-Trinité
Corno Bianco 3320
Vercelli
Balmuccia
Móllia
Scopello
Sesia
Lignan
Torgnon
Antey-St.-André
Brusson
Gressoney-St.-Jean
Piode
Mt. Fallère 3061
Aosta
Villefranche
Nus
Châtillon
Teatro rom.
St.-Pierre
Aosta Ovest
Druges
Castello Fenis
Dora Baltea
Verrès
Issime
Gaby
Piedicavallo
Panoramica Zegna
Monte Emilius 3559
Grand Eyvia
Issogne
Fontainemore
Sacro Monte
S. Pàolo Cervo
Valle Mosso
Vieyes
Valsavarenche
Cogne
Champorcher
Bard
Donnas
Pont-Saint-Martin
Ponte romano
Oropa 2391
Andorno Micca
Pettinengo
Biella
Graglia
Candelo
Parco Nazionale del Gran Paradiso
Gran Paradiso 4061
Rif. Carpano
Graie
Rif. San Besso
Valprato Soana
Cima Bonze 2516
Quincinetto
Settimo Vittone
Netro
Traversella
Borgofranco d'Ivrea
Bollengo
Mongrando
Pont
Ronco Canav.
Lessolo
Ivrea
Salussola
C. del Nivolet (2612)
Noasca
Loranzè
Parella
L. di Viverone
Azeglio
Cavaglià
Ceresole Reale
Valle di Locana
Locana
Pont Canav.
Cintano
Sparone
Cuorgnè
Castellamonte
Scarmagno
Strambino
Alice Castello
Santhià
Groscavallo
Chialamberto
Val Grande
Aglié
Borgomasino
Maglione
Cavour
Forno Alpi Graie
Ala di Stura
Rocca Canav.
Rivarolo Canav.
S. Giorgio Canav.
Mazzè
Cigliano
Borgo d'Ale
Balme
Val di Ala
Cères
Lanzo Torin.
Feletto
Caluso
Rif. Ciriè
Front
Foglizzo
Rondissone
Livorno
Cigliano
Val di Viù
Viù
Lombardore
Stura di Lanzo
Torino
Lemie
Fiano
Leinì
Volpiano
Chivasso
Saluggia
Crescentino
Verolengo
Can. Cavour
Ivrea
Aosta
Rhêmes

10 km
Diemtigen
Niesen
Wilderswil
Leissigen
Schynige Platte
Wetterhorn
3701
Guttannen
Dammastock
Schöllenenschlucht
Reichenbach
Frutigen
Kiental
Engstligental
Fallbach
Lauterbrunnen
Wengen
Kl. Scheidegg
Grindelwald
(1034)
Staubbachfall
Eiger 3970
Finsteraarhorn
4274
Unteraargl.
Grimselpass
(2165)
Gletsch
(2431)
Furkapass
Pso. d. S. Gottardo
(2108)
St. Gotthardpass
Realp
Hospental
Bedretto
Schilthorn
2970
Mürren
Stechelberg
Jungfrau
Jungfraujoch (3475)
Fieschergletscher
Griesalp
Felsenburg
Oeschinensee
Blümlisalp
3664
Kandersteg
Adelboden
Gr. Aletschfirn
Aletschhorn
4195
Ulrichen
Münster
Pzo. Rotondo
3192
Nufenenpass
(2478)
Ticino
Rotten
Selkingen
Cristalli
2912
Lötschberg-basistunnel
Lötschental
Jungfrau-Aletsch-Bietschhorn-gebiet
Gr. Aletschgletscher
Eggishorn
2927
Goms
Blinnenhorn
3374
Riale
Rif. Maria Luisa
Basòdino
3274
S. Carlo
Balmhorn
3709
Gemmipass
(2314)
Leukerbad
Blatten
Bietschhorn
3934
Kippel
Goppenstein
Aletschwald
Belalp
Blatten
Fiesch
Ernen
Binn
3235
Formazza
Naters
Mörel
Leuk
Susten
Vietum
Stockalperschloss
Raron
Visp
Brig
Turtmann
Oberems
Unterbäch
Zwing-herren-schloss
Saltinaschlucht
Berisal
Simplontunnel
Gòglio
S. Rocco
Cadarese
Bosco/Gurin
Cimalmotto
Chandolin
3025
Bella Tola
Simplonpass
(2005)
M. Leone
3246
S. Doménico
Baceno
Crodo
Val Antigorio
Meide
Embd
Stalden (VS)
Saastal
Simplon
Gondo
Gondoschlucht
Iselle
Varzo
Val Divedro
Verbano-
Crevoladòssola
Masera
Val Vigezzo
Craveggia
Olgia
Ayer
Val d'Anniviers
Zinal
St. Niklaus
Saas Balen
Fletschhorn
3993
4023
Domodóssola
Sta. Maria Magg.
Malesco
Valais/
Walliser Alpen
Weisshorn
4505
Saas Fee
Saas Grund
Saas Almagell
Fonti
Rif. A. Chéggio
Antronapiana
Pzo. Desen
2092
Parco Naz. d. Val Grande
Villadòssola
Toce
Wallis
Dom
4545
Täsch
2870
Längfluh
3456
Mattertal
Mattervispa
Mittel Allalin
4199
Rimpfischhorn
Zermatt
Cusio-Ossola
Schieranco
Piedimulera
T. di Carale
Premosello
Chiovenda
Cuzzago
Cicogna
Gornergratbahn
3135
Matterhorn
4478
M.te Cervino
Gornergrat
Gornergl.
Dufourspitze
4634
Monte Rosa
Valle Anzasca
Macugnaga
Ceppo Morelli
Vanzone con S. Carlo
Cima di Capezzone
Vogogna
Val d'Ossola
Ornavasso
Cave di marmi
Mergozzo
Miazzina
Verb.
Pallanza
Breuil-Cervinia
3131
Klein Matterhorn
Valtournenche
Forno
Gravellona Toce
Crusinallo
Isole Borromee
Baveno
2421
Rimella
Strona
Carcóforo
Fobello
Rima-Don Giuseppe
Omegna
Quarna Sotto
M. Mottarone
1491
Stresa
Valle d'Aosta
Alpi Pennine
St.-Jacques
Stàvali
Val d'Ayas
Champoluc
Gressoney-la-Trinité
3320
Corno Bianco
Gressoney-St.-Jean
Alagna Valsésia
Rimasco
Vercelli
Balmúccia
Mòllia
Varallo
Sacro Monte
Cravagliana
Cèsara
Giardino Alpinia
Belgirate
Lesa
Armeno
Lago d'Orta
Antey-St.-André
Châtillon
Brusson
Valle di Gressoney
Lys
Sèsia
Scopello
Piode
Piemonte
M.te Barone
2044
Quarona
Orta S. Giulio
(942)
Pogno
Gozzano
Meina
Arona
Borgomanero
Vallée d'Aoste
Dora Baltea
Verrès
Issime
Gaby
Piedicavallo
Panoramica Zegna
Borgosesia
Crevacuore
Serravalle Sesia
Grignasco
Sacro Monte
S. Pàolo Cervo
Trivero
M. Camino
2391
Oropa
Pettinengo
Valle Mosso
S. Maurizio
Masserano
Gattinara
625
Novara
Issogne
Fontainemore
Valle del Lys
Champorcher
Donnas
Bard
Pont-Saint-Martin
Ponte romano
Andorno Micca
Biella
Cossato
Ghemme
Agogna
Borgomanero
Cressa
Oleggio
Pont-St. Martin
Quincinetto
Cima Bonze
2516
Settimo Vittone
Graglia
Netro
Candelo
Lenta
Rovasenda
Fara Novar.
Carpignano Sesia
Traversella
Borgofranco d'Ivrea
Bollengo
Mongrando
Massazza
Biella
Ghislarengo
Arborio
Cesto
Torino
Lèssolo
Loranzè
Ivrea
Lago di Viverone
Burónzo
Salussola
Villarboit
Greggio
Biandrate
Pont Canav.
Cintano
Parella
Azeglio
Carisio
Elvo
Balocco
Formigliana
Albano Vercellese
Novara
Cuorgnè
Castellamonte
Scarmagno
Strambino
Cavaglià
Santhià
Caresio
Borgo Vercelli
Casalino
Rocca Canav.
Rivarolo Canav.
Agliè
S. Giorgio Canav.
Borgomasino
Alice Castello
S. Germano Vercell.
Vercelli
Tronzano Vercellese
Salasco
Maglione
Cigliano
Mazzè
Caluso
Feletto
Livorno Ferraris
Vinzaglio
E62
E25
E64
A4/5
A26
A26/4

D
E
F
P. Pazzola
Vrin
Lumschania
Via Mala
Zillis-Reischen
Tiefencas
St. Cosmas
Andermatt
Wasserfall
Fümatsch
Sogn Gions
Thalkirch
Vals-Platz
Andeer
Rofla-schlucht
Gotthard-Tunnel
Gotthard-Eisenbahn-Tunnel
Piz Blaz
Pso. del Lucomagno
Campo Blènio
Zervreila-see
Alp Guraletsch
Rheinwald
Nufenen
Splügen
Airolo
Casa dei Landfogti
Olivone
Adula
Splügenpass
Innerferrera
Quinto
Valle Leventina
Rheinwaldhorn
P.so d. S. Bernardino
Montespluga
Höhlenburg
Piotta
Ambrì
Molare
Castro
S. Bernardino
Cresta
Prato
Faido
Acquarossa
Isola
Madèsimo
Dòrgio
Alpi
Pzo.Campo
Malvàglia
Pianazzo
Mesocco
Campodolcino
Giórnico
Ticino
Bróglio
Sonogno
Rossa
Val Bregàglia
SCHWEIZ
Biasca
Spazza
Chiavenna
Sóglio
Villa di Chiavenna
Castasegna
Bignasco
Valle Mesolcina
Brione Verzasca
Arvigo
Lostallo
Prata Camportàccio
Valle Màggia
Cresciano
Val Calanca
Grono
Roveredo
Somàggia
Bagni di Màsino
P.zo Badile
Màggia
Lavertezzo
Castione
P.zo Martello
S. Pietro
Novate Mezzola
Moesa
Bellinzona
Verceia
Cataèggio
Locarno
Giubiasco
Intragna
Górdola
Fortezze Uri Schwyz Unterwalden
Gera Lario
Mantello
Centovalli
Ascona
Cadenazzo
Gravedona
Morbegno
Brissago
Vira
Isone
Dongo
Colico
Delèbio
Cast. di Quadal Bitto
Abbazia di Piona
S. Abbóndio
Musso
Cavargna
Dérvio
Rif. P.zo Alto
Gérola Alta
Zenna
M. Tamaro
Torricella-Taverne
Bogno
S. Nazzaro V. Cav.
S. Maria Rezzónico
Premana
Maccagno
Lago di Lugano
Bellano
Taceno
Lugano
Gandria
Oria
Porlezza
Varenna
Luino
Agno
Campione d'Italia
Claino-Osteno
Menàggio
Cadenàbbia
Ésino Lario
P.zo d. Tre Signori
Pte. Tresa
Pèllio Intelvi
Bellàgio
Lierna
Introbio
Valtorta
Porto Valtravàglia
Grantola
Melide
M. Generoso
Argegno
Lago di Como
Civenna
Bàrzio
Laveno-Mombello
Ghirla
Ganna
Morcote
Riva S.V.
Lago di Lecco
Mandello d. Lário
Cittiglio
Brinzio
Sacro Monte
Porto Ceresio
M.S. Giorgio
Nesso
M. Primo
Cascata
Onno
Olda
Gavirate
Lago di Varese
Mendrisio
Làglio
Ballabio
Lecco
Arcisate
Cernobbio
Asso
Canzo
Sant' Omobono Terme
Chiasso
Brunate
Duomo
Erba
Pusiano
Travedona
Varese
Malnate
Como
Olginate
Sedrina
Azzate
Gazzada
Olgiate Com.
L. di Pusiano
L. di Annone
Torre de' Busi
Caprino Bergam.
Almè
Vergiate
Castiglione Olona
Fino Mornasco
Cantù
Inverigo
Airuno
Brivio
Pontida
Lombardia
Orago
Tradate
Olgiate Molgora
Merate
Ponte S. Pietro
Mariano Com.
Somma Lomb.
Gallarate
Carate B.
Cislago
Usmate Velate
Busto Arsìzio
Sèveso
Seregno
Monza
Lonate Pozzolo
Saronno
Dèsio
MONZA
Vimercate
Trezzo sull' Adda
Castellanza
Varedo
Autodromo
Verdello
Crespi d'A.
Legnano
Lainate
Cástano Primo
Bollate
Vàprio d'Adda
Cassano d'Adda
Turbigo
Busto Garolfo
Villoresi
Gorgonzola
Càmeri
Inveruno
Rho
Sesto S. Giovanni
Cuggiono
Melzo
Trevíglio
Novara Est
Galliate
Cesano Boscone
MILANO
Rivolta d'Adda
Vailate
Sedriano
Magenta
S.M.delle Grazie
Novara
Robecco s.N.
P. Reg. d. Ticino
Muggiano
Córsico
Peschiera Borromeo
Pandino
Trecate
Paullo
Cerano
Abbiategrasso
Vermezzo
Assago
Milano
Melegnano
Cassolnovo
Rozzano
Ópera
Dovera
Rosate
Binasco
Vigévano
Besate
Landriano
S. Zenone al Lambro
Lodi

128

122

Col de la Croix de Fer
(2068)
St. Sorlin d'Arves
Albiez-le-Vieux
Maurienne
St. Michel-de-M.
Modane
Aussois
Col du Mt Cenis
(2083)
Belvedere
3610
Massif du Mt. Cenis
Margone
Novalesa
Susa Ovest
Susa Est
Venalzio
Bussoleno
Valloire
(1570)
Valmeinier
Bramans
Aiguilles d'Arves
Routes des Grandes Alpes
Tunnel du Fréjus
Roche Bernaude
3225
Chiomonte
3376
Valle di Susa
Susa
Mattie
Exilles
Salbertrand
Mte. Orsiera
2878
Orsiera
Bardonecchia
Chalets-de-Laval
Col du Galibier
(2642)
3228
la Grave
Savoulx
E70
Sauze d'Oulx
Oulx
Fenestrelle
Villaret
Villar-d'Arène
(2058)
Col du Lautaret
la Meije
3938
Névache
Plampinet
Pragelato
Chisone
Roure
Cascade
le Montêtier-les-Bains
Dora Riparia
St-Christophe-en-Oisans
Parc
Barre des Écrins
4102
Val-des-Prés
Cesana Tor.
3136
Sestriere
Valle del
Salza di Pinerolo
Perrero
la Bérarde
Cézanne
Montgenèvre
(1854)
Col de Montgenèvre
Val Troncea
Massive des Écrins
Chantemerle
2483
La Vachette
Briançon
National
La Pialatte
Ailefroide
Chalet Ht. du Glöberney
3669
Vallouise
St-Martin-de-Queyras
Cervières
Grd Pic de Rochebrune
3302
Ghigo
2556
Punta Cornour
2868
Le Roux
la Chapelle-en-V.
des Hautes-
Col de l' Izoard
(2361)
Parc
Abriès
Bòbbio Pellice
Aiguilles
Château-Queyras
Rif. Jervis
Écrins
l'Argentière-la Bessée
Freissinières
Queyras
Arvieux
la Roche-de-Rame
La Monta
Nat. Rég.
L'Echalp
Fontgillarde
Col Agnel
C.d. Agnello
(2748)
Sommet Drouvet
Dourmillouse
3117
Grand Pinier
Gouffre de Gourtouran
St-Crépin
Guil
du Queyras
St-Véran
Crissolo
Champoléon
Merlette
Orcières
Mont-Dauphin
2582
Cime du Mélezet
3841
Monte Viso
Chaillol
Pont-du-Fossé
Drac
Alpes
St-Clément
Guillestre
Ceillac
Chianale
2782
Dauphiné
2909
Châteauroux
Escreins
Pontechianale
Réallon
Champsaur
Durance
Vars
Parpaillon
Maljasset
Valle
Bellino
la Bâtie-Neuve
Chorges
Embrun
Les Claux
Aiguille de Chambeyron
3411
Sampeyre
Lac de Serre Ponçon
Crots
Savines-le-Lac
Crévoux
Col de Vars
(2111)
Ubaye
(2284)
Chiappera
2510
Stroppo
Cavardi Marmo
Prazzo
Le Sauze
2327
Pramouton
Montagne de
St-Paul
Meyronnes
Route des Grandes Alpes
Acceglio
Larche
Tête de Moïse
3104
FRANCE
Pont romain
2884
XI-VI
Canosio
M.te Tibert
2647
Pratorotondo
(1333)
Le Lauzet-Ubaye
Revel
Barcelonnette
Jausiers
(1991)
Col de Larche
C.d. Maddalena
Argentera
Montagne de la Blanche
Pra-Loup
Le Sauze
Super-Sauze
Stura di Demonte
Pietrapòrzio
Selonnet
Seyne
Col de Maure
(1346)
Le Villar d'Abas
Col de Restefond
(2680)
Col de la Bonette
(2715)
St-Dalmas-le-Selvage
Route Impériale
Valle
Bagni di Vinadio
Alpes-
Barles
Le Vernet
2961
La Foux d'Allos
Col d'Allos
(2240)
2860
Parc
Col de la Cayolle
(2327)
2916
Mercantour
3007
St-Étienne-de-Tinée
Clues de Verdaches
Col du Labouret
(1240)
Prads-Haute-Bléone
Allos
Auron
Bléone
Montagne du Cheval Blanc
Route des Grandes Alpes
Isola
Isola 2000
de-Haute-
La Javie
Colmars
Entraunes
National
(2191)
Montagne de l'Alp
2817
Beauvezer
St-Martin-d'Entraunes
Péone
Montagne du Cheval Blanc
2305
Thorame-Haute
Le Grand Coyer
2693
Var
Valberg
Verdon
Guillaumes
Digne-les-Bains
Tartonne
Thorame-Basse
Peyresq
(1431)
Beuil
St-Sauveur-s.-Tinée
Saint Michel de Cousson
1511
Provence
Sausses
Gorges de Daluis
Pierlas
Tinée
Alpes-Maritimes
Clumanc
Le Fugeret
Chaudon-Norante
10 km
Barrême
St-André-les-Alpes
Gorges du Cians
Puget-Théniers
Touët-s.-V.
Annot
(1124)
Entrevaux
Villars-s.-Var
Senez
Barrage de Castillon
Vergons
Route Napoléon
(876)
Mt-Brune
1518
Collongues

Cirié
Lombardore
S. Maurizio Canav.
Montanaro
Saluggia
Volpiano
Chivasso
Crescentino
Verolengo
Caselle Torinese
Leinì
Chivasso
Vercelli
Settimo Torinese
Venaria Reale
Gassino
Brusasco
Casalborgone
Cerrina Monferrato
Pianezza
Settimo/Torinese
Albugnano
Cocconato
Cinzano
Abbazia
Superga
Castelnuovo Don Bosco
Montiglio
TORINO
Grugliasco
Gallareto
Susa
Condove
San Gillio
Alpignano
Almese
Avigliana
S. Michele
Coazze
Rivoli
Bruino
Forno
Giaveno
Orbassano
Piossasco
Cumiana
Stupinigi
Chieri
Andezeno
Carreum Potenia
Cortanze
Moncalieri
Montafia
Riva presso Chieri
Cambiano
Villanova
Serravalle
Candiolo
Volvera
Santena
Villanova d'Asti
Baldichieri d'Asti
Asti Ovest
Piobesi Torin.
None
Villastellone
Asti
Pinerolo
Piscina
Airasca
Carignano
Castagnole Piemonte
Rio dei Cocchi
Poirino
Villafranca d'Asti
Riva
Buriasco
Casanova
Pralormo
Carmagnola
S. Damiano d'Asti
Montà
Isola d'Asti
Vigone
Pancalieri
Casalgrasso
Bricherasio
Bibiana
Cavour
Villafranca Piemonte
Monteu Roero
Canale
Costigliole d'Asti
Racconigi
Sommariva del Bosco
Castagnito
Canove
Castagnole d.L.
Moretta
Rio Colorè
Barge
Staffarda
Cavallermaggiore
Bra
S. Vittoria d'Alba
Alba
Mango
Paesana
Envie
Revello
Monasterolo di Savigliano
Pollenzo
Tanaro
Marene
Verduno
Cherasco
Diano d'Alba
Rocchetta Belbo
Serre
Sanfront
Saluzzo
Savigliano
Cervere
La Morra
Grinzane Cavour
Castino
Borgata Danna
Manta
Narzole
Verzuolo
Genola
Monforte d'Alba
Costigliole Saluzzo
Venasca
Varaita
Villafalletto
Fossano
Rio Ghidone
Augusta Bagiennorum
Melle
Bene Vagienna
Dogliani
Bossolasco
Busca
Trinità
Centallo
Murazzano
Monesiglio
S. Damiano Macra
Murazzo
Massimini
Carrù
Dronero
Maira
Mondovì
Pradlèves
Caràglio
Morozzo
Lesegno
Cengio
Campomolino
Valgrana
CUNEO
Vicoforte
Ceva
Mondovì
S. Michele Mondovì
Nucetto
Priero
Borgo S. Dalmazzo
Beinette
Chiusa di Pèsio
Villanova Mondovì
Stura
Gaiola
Roccavione
Peveragno
Bòves
Frabosa Soprana
Bagnasco
Perlo
Murialdo
Piano
Demonte
Valdieri
Terme di Lurisia
Viola
Pamparato
Caragna
Calizzano
S. Anna di Valdieri
Entràcque
Vernante
Bossea
Fontane
Priola
Parco Regionale
C.la di Casotto
P. Nat. d. Alta Valle Pésio
Garéssio
Bardineto
Terme di Valdieri
Limone Piemonte
Palanfrè
Pointe Marguaréis
P.zo d'Ormea
Ormea
Grotte di Toirano
Cima d'Argentera
Alpi Marittime
Col de Tende
Viozene
Ponte di Nava
M.te Galero
Toirano
Cime du Gélas
Upega
Alto
Savona
Le Boréon
Ste-Madeleine
Ceriale
Mercantour
St-Dalmas-de-Tende
Tende
Pornàssio
Pieve di Teco
Borghetto
Cisano s. Neva
Albenga
Ortovero
St-Martin-Vés.
Vallée de Merveille
La Brigue
Monesi
Montegrosso Pian latte
Rezzo
Alassio
Roquebillière
Saorge
Casanova Lerrone
Imperia
La Bolléne-V.
Lantosque
Fontan
Triora
Rocca di Andagna
Borgomaro
C. d. Turini
Moulinet
La Giandola
Pigna
Chiusavecchia
Peira-Cava
Breil-s.-Roya
Villatalla
Marina
St-Jean-la-Rivière
Badalucco
Imperia
Cervo
Diano Marina
Piene

Vercelli
Rivarolo Canav.
Caluso
Cigliano
Santhià
Tronzano Vercellese
Livorno
Borgo d'Ale
Ciriè
Leinì
Lombardore
S.Maurizio Canav.
Montanaro
Chivasso
Crescentino
Verolengo
Fontanetto Po
Trino
Palazzolo Vercell.
Stroppiana
Desana
Tricerro
Casale Monf.
Morano sul Po
Caselle Torinese
Venaria
Settimo Torinese
Gassino
TORINO
Superga
Grugliasco
Chieri
Moncalieri
Andezeno
Carreum Potentia
Cambiano
Riva presso Chieri
Villanova d'Asti
Villastellone
Carignano
Poirino
Villafranca d'Asti
Asti
Carmagnola
Casanova
Pralormo
Castelnuovo Don Bosco
Albugnano
Cocconato
Montiglio
Cerrina Monferrato
Gabiano
Brusasco
Casalborgone
Moncalvo
Calliano
Portacomaro
Montemagno
Vignale Monf.
Occimiano
Ozzano Monf.
Fubine
Quargnento
Felizzano
Castello di Annone
Rocchetta Tànaro
Incisa Scapaccino
Nizza Monf.
Agliano Terme
Cortiglione
Isola d'Asti
Costigliole d'Asti
Castagnole d.L.
Canelli
Canale
Montà
S. Damiano d'Asti
Monteu Roero
Castagnito
Canove
Sommariva del Bosco
Racconigi
Cavallermaggiore
Casalgrasso
Pancalieri
Bra
S. Vittoria d'Alba
Pollenzo
Alba
Mango
Diano d'Alba
Grinzane Cavour
Verduno
Cherasco
La Morra
Savigliano
Monasterolo di Savigliano
Marene
Cervere
Genola
Fossano
Narzole
Monforte d'Alba
Augusta Bagiennorum
Bene Vagienna
Trinità
Dogliani
Bossolasco
Murazzano
Monesiglio
Centallo
Murazzo
Morozzo
Carrù
Mondovì
Vicoforte
Lesegno
Ceva
S. Michele Mondovì
Nucetto
Beinette
Peveragno
Chiusa di Pèsio
Villanova Mondovì
Frabosa Soprana
Terme di Lurisia
Bagnasco
Viola
Pamparato
Priola
Calizzano
Garessio
Bardineto
Ormea
Viozene
Upega
Ponte di Nava
Alto
Pieve di Teco
Pornàssio
Montegrosso Pian latte
Rezzo
Monesi
Tende
La Brigue
P. Nat. d. Alta Valle Pésio
Pointe Marguaréis
P.zo d'Ormea
Bossea Fontane
C.la di Casotto
M.te Galero
Acqui Terme
Bistagno
Visone
Melazzo
Ponti
Ponzone
Vésime
Càstino
Cortemilia
Rocchetta Belbo
S. Stèfano Belbo
Spigno Monferrato
Pareto
Sassello
Piana Crìxia
Dego
Pontinvrea
Càiro M.
Càrcare
Altare
Millèsimo
Cengio
Murialdo
Piano
Perlo
Bòrmida
Màllare
Albissola
Savona
Vado Lìgure
Spotorno
Noli
Varigotti
Finale Lìgure
Pietra Lìgure
Loano
Borghetto S. Spirito
Toirano
Grotte di Toirano
Cisano s. Neva
Borghetto d'Arroscia
Albenga
Alàssio
Mombaruzzo
Cassine
Castellazzo Bòrmida
Torino
Piemonte
Monferrato
Langhe
Cuneo
Savona
Liguria
Asti
Alessandria

Cassolnovo
Vigevano
Mortara
Garlasco
Tromello
Gambolò
Villa ex Crespi
Necropoli
P. Reg. d. Ticino
S. Giorgio di Lomellina
Lomello
Mede
Sannazzaro de' Burgondi
Zinasco Nuovo
Cervesina
Dorno
Gropello Cairoli
Torre d'Isola
Bereguardo
Torre di Mangano
Certosa di Pavia
Binasco
Rosate
Besate
Landriano
Vidigulfo
S. Genesio ed Uniti
Pavia
Villanterio
Belgioioso
Melegnano
Lodi
Lodi Vecchio
S. Zenone
S. Angelo Lodig.
Borghetto Lodig.
S. Colombano
Monteleone
Inverno
Chignolo Po
Ospedaletto Lodig.
Corteolona
Pieve Porto Morone
Cava Manara
Albaredo Arn.
Bressana-Bottarone
Broni
Stradella
Castel S. Giovanni
Rottofreno
Borgonovo Val Tidone
S. Giuletta
Casteggio
Voghera
Rocca de' Giorgi
S. Maria della Versa
Pianello V.T.
Agazzano
Rivergaro
Borgo Priolo
Oltrepo Pavese
Godiasco
Salice Terme
S. Alberto di Butrio
Rocca di Olgisio
Cast. di Montechiaro
Pecorara
Nibbiano
Piacenza
Valenza
Torre Beretti
Pieve del Cairo
Casei Gerola
Castelnuovo Scrivia
Sale
Piovera
Rivanazzano
San Giuliano Nuovo
Spinetta Marengo
Alessandria
Tortona
Viguzzolo
Cast. di Pozzòl Groppo
Ponte Nizza
Zavattarello
Varzi
Pollastra
Frugarolo
Villalvèrnia
Cerreto Grue
Stàffora
Perino
Bòbbio
P.so di Pènice
Brallo di Pregola
Marsàglia
Coli
Farini d'Olmo
Garbagna
Cassano Spinola
S. Sebastiano Curone
M.te Giarolo
Basaluzzo
Predosa
Novi Lìgure
Serravalle Scrivia
Borghetto di Borbera
Rocchetta Ligure
Bruggi
P.so del Giovà
Passo del Mercatello
Gavi
Silvano d'Orba
Grimalda
Casaléggio Boiro
Arquata Scrivia
Isola del Cantone
Mongiardino Ligure
Montaldo di Cosola
Ottone
Ferriere
Voltàggio
Ovada
Ronco Scrivia
Busalla
P. Nat. d. Capanne di Marcarolo
Parco Reg. dell' Antola
M.te Antola
Tonno
Gorreto
Boschi
Masanti
Rossiglione
Campo Lig.
Masone
Mad. d. Guardia
Pontedecimo
Casella
Montòggio
Torriglia
Lago del Brugneto
Montebruno
Rezzoàglio
Santo Stèfano d'Aveto
Parco Reg. dell' Aveto
Làccio
Dòria
Bargagli
Favale di Màlvaro
Gattorna
Cicagna
Borzonasca
S. Maria d. Taro
M.te Zuccone
Turchino
Voltri
Pegli
Arenzano
Cogoleto
Génova
Nervi
S. Ilario
Ùscio
Na. Sa. di Montallegro
Borgonovo Ligure
Varese Ligure
Sori
Recco
Camogli
Rapallo
Zoagli
Carasco
Basilica d. Fieschi
Nàscio
Monte di Portofino
Portofino
S. Margherita L.
Chiàvari
Lavagna
Sestri Levante
Bracco
Moneglia
Deiva Marina
Bonassola
Riviera di Levante
Golfo di Genova
Òlbia, Arbatax, Cágliari, Tunis
Bastia, Porto Vecchio
Tanjah (Tanger)
Porto Torres
Calvi
Bastia
L'Ile-Rousse
10 km
125

KARTENLEGENDE

18 26	Autobahn mit Anschlussstellen Motorway with junctions
	Autobahn in Bau Motorway under construction
	Mautstelle Toll station
	Raststätte mit Übernachtung Roadside restaurant and hotel
	Raststätte Roadside restaurant
	Tankstelle Filling-station
	Autobahnähnliche Schnellstraße mit Anschlussstelle Dual carriage-way with motorway characteristics with junction
	Fernverkehrsstraße Trunk road
	Durchgangsstraße Thoroughfare
	Wichtige Hauptstraße Important main road
	Hauptstraße Main road
	Nebenstraße Secondary road
	Eisenbahn Railway
	Autozug-Terminal Car-loading terminal
	Zahnradbahn Mountain railway
	Kabinenschwebebahn Aerial cableway
	Eisenbahnfähre Railway ferry
	Autofähre Car ferry
	Schifffahrtslinie Shipping route
	Landschaftlich besonders schöne Strecke Route with beautiful scenery
Alleenstr.	Touristenstraße Tourist route
XI-V	Wintersperre Closure in winter
	Straße für Kfz gesperrt Road closed to motor traffic
8%	Bedeutende Steigungen Important gradients
	Für Wohnwagen nicht empfehlenswert Not recommended for caravans
	Für Wohnwagen gesperrt Closed for caravans
Wartenstein Umbalfälle	Sehenswert: Kultur - Natur Of interest: culture - nature
	Badestrand Bathing beach
	Besonders schöner Ausblick Important panoramic view
	Ausflüge & Touren Excursions & tours
	Nationalpark, Naturpark National park, nature park
	Sperrgebiet Prohibited area
	Kirche Church
	Kloster Monastery
	Schloss, Burg Palace, castle
	Moschee Mosque
	Ruinen Ruins
	Leuchtturm Lighthouse
	Turm Tower
	Höhle Cave
	Ausgrabungsstätte Archaeological excavation
	Jugendherberge Youth hostel
	Allein stehendes Hotel Isolated hotel
	Berghütte Refuge
	Campingplatz Camping site
	Flughafen Airport
	Regionalflughafen Regional airport
	Flugplatz Airfield
	Staatsgrenze National boundary
	Verwaltungsgrenze Administrative boundary
	Grenzkontrollstelle Check-point
	Grenzkontrollstelle mit Beschränkung Check-point with restrictions
PARIS	Hauptstadt Capital
MARSEILLE	Verwaltungssitz Seat of the administration

REGISTER

Im Register sind alle in diesem Reiseführer erwähnten Orte und Ausflugsziele verzeichnet. Halbfette Seitenzahlen verweisen auf den Haupteintrag, kursive auf ein Foto.

> SCHREIBEN SIE UNS!

Liebe Leserin, lieber Leser,

wir setzen alles daran, Ihnen möglichst aktuelle Informationen mit auf die Reise zu geben. Dennoch schleichen sich manchmal Fehler ein – trotz gründlicher Recherche unserer Autoren/innen. Sie haben sicherlich Verständnis, dass der Verlag dafür keine Haftung übernehmen kann.

Wir freuen uns aber, wenn Sie uns schreiben.

Senden Sie Ihre Post an die
MARCO POLO Redaktion,
MAIRDUMONT, Postfach 31 51,
73751 Ostfildern,
info@marcopolo.de

IMPRESSUM

Titelbild: Blick auf Serralunga d'Alba in den Langhe (Huber: Ripani)
Fotos: AC HOTELS (15 u.); Associazione Monginevro: Andrea Donna (14 M.); FANTINI (14 o.); Simone Ferraris (12 u.); ©fotolia.com: Agphotographer (105 u. r.), Yuri Arcurs (14 u.), Freigeist67 (105 M. r.), Mitarart (104 M. r.); R. M. Gill (111); Hammam Al Bab: Anghelone (105 M. l.); H. Hartmann (3 M.); HB Verlag: Kiedrowski (4 l., 4 r., 11, 22/23, 39, 40/41, 45, 47, 50/51, 52, 59, 60, 71, 75, 100, 106/107, 108, 110/111, 120/121); Huber: Nagy (26), Ripani (1); ©iStockphoto.com: Yanik Chauvin (15 o.), Kelly Cline (104 u. r.), Elena Elisseeva (104 o. l.), Renee Lee (13 u.); G. Jung (6/7, 20, 22); M. Kirchgessner (98/99); H. Krinitz (U. l., U. M., U. r., 2 l., 2 r., 3 l., 19, 24/25, 27, 28/29, 37, 44, 55, 56/57, 63, 64/65, 66, 84/85, 103); La Drogheria: Simona Cupoli (13 o.); Laif: Eid (16/17, 76/77, 78, 86, 95), Gaasterland (92/93), Galli (8/9, 32, 110); D. Renckhoff (29); T. Stankiewicz (28, 30/31, 68/69, 91); F. Sulprizio (134); Torino Olympic Park (105 o. l.); Ufficio Stampa Stilema (104 M. l.); Elke Weiler (12 o.); E. Wrba (3 r., 5, 35, 42, 49, 73, 81, 82, 89, 97)

6., aktualisierte Auflage 2009

Chefredaktion: Michaela Lienemann, Marion Zorn
Autorin: Annette Rübesamen; Redaktion: Nikolai Michaelis
Programmbetreuung: Jens Bey, Silwen Randebrock; Bildredaktion: Gabriele Forst
Szene/24h: wunder media, München
Kartografie Reiseatlas: © MAIRDUMONT, Ostfildern
Innengestaltung: Zum goldenen Hirschen, Hamburg; Titel/S. 1–3: Factor Product, München
Sprachführer: in Zusammenarbeit mit Ernst Klett Sprachen GmbH, Stuttgart, Redaktion PONS Wörterbücher

Printed in Hungary. Gedruckt auf 100% chlorfrei gebleichtem Papier

FÜR IHRE NÄCHSTE REISE

Ihre Reisecheckliste

Haben Sie alles im Gepäck?

- ○ Reiseunterlagen (Tickets, Buchungsbelege, Bestätigungen)
- ○ ELVIA Reiseschutz
- ○ Impfausweis
- ○ Krankenkassenkarte
- ○ Reisepass
- ○ Führerschein
- ○ Kopien aller Papiere (zur Sicherheit)
- ○ Einreise-Visum (falls erforderlich)
- ○ Wichtige Telefonnummern
- ○ Bank-, Kreditkartensperrnummern
- ○ Kredit- bzw. ec-Karten
- ○ Medikamente / Reiseapotheke
- ○ Kulturbeutel (evtl. Kontaktlinsenmittel, Gehörschutz, Kondome)
- ○ Sonnenbrille, Ersatzbrille
- ○ Fotoapparat, Videokamera
- ○ Adapter für Fön, Rasierer
- ○ Sonnencreme
- ○ Reisewaschmittel
- ○ Nähzeug
- ○ Wörterbuch
- ○ Lieblingslektüre
- ○ MP3- und / oder CD-Player
- ○ Straßenkarte

> UNSERE AUTORIN

MARCO POLO Insiderin Annette Rübesamen im Interview

Die gebürtige Münchnerin Annette Rübesamen lebt seit 1995 als freie Reisejournalistin im Piemont in der Nähe von Turin.

Wieso leben Sie in Turin?

Ich hatte damals ein Sabbatical in Ligurien eingelegt, das ein halbes Jahr dauern sollte. Dabei bin ich das erste Mal nach Turin gekommen und war begeistert. Nach Deutschland bin ich dann gar nicht mehr zurückgekehrt, sondern von der ligurischen Küste in die piemontesische Hauptstadt umgezogen.

Was reizt Sie an Turin?

Turin ist eine ungemein faszinierende Stadt, elegant und geheimnisvoll. Hier kann man noch vieles entdecken; anders als in Rom oder Florenz haben nicht schon Heerscharen von Touristen auch die verborgensten Winkel aufgestöbert. Mittlerweile habe ich auch Familie hier; das verbindet mich natürlich noch stärker mit der Region.

Und was gefällt Ihnen nicht so?

Man merkt erst im Ausland, wie deutsch man eigentlich ist. Die Piemontesen gelten als die Preußen Italiens – und trotzdem ärgere ich mich, weil es oft so wenig effizient und ungeordnet zugeht. Und die Luftverschmutzung in Turin sowie die Tatsache, dass sie einfach als gottgegeben hingenommen wird, machen mich wirklich rasend.

Wo und wie leben Sie genau?

Um der schlechten Luft zu entkommen, bin ich mit meiner Familie in die Hügel oberhalb Turins gezogen. Ein Traum! Und mit Bus oder Auto bin ich in 20 Minuten mitten im Zentrum.

Kommen Sie viel im Piemont herum?

Wie alle Italiener sind wir am Wochenende gern unterwegs: zum Bergsteigen in den Alpen, zum Essen und Weinkaufen im Monferrato. Auf diese Weise entdecke ich immer neue interessante Adressen.

Was machen Sie in Ihrer Freizeit?

Ich lese, ich laufe durch die Hügel oberhalb Turins oder am Po entlang, und ich koche, nachdem ich auf dem Markt Obst, Gemüse und Fisch eingekauft habe.

Mögen Sie die piemontesische Küche?

Die Küche und die Weine hier sind einfach großartig! Ich liebe die *bagna caoda* im Winter, in die man in geselliger Runde Gemüse dippt.

Könnten Sie wieder in Ihrer Heimat leben, oder sind Sie „verdorben"?

Das Alter würde ich vielleicht doch lieber am Starnberger See verbringen – vor allem wegen der prima medizinischen Versorgung in Deutschland.

> BLOSS NICHT!

Worauf Sie achten sollten, um sich im Piemont nicht zu ärgern

Das Menü ignorieren

Die Piemontesen lieben ausgedehnte, mehrgängige Mahlzeiten, und so servieren Trattorien und Restaurants meistens richtige Menüs, bestehend aus *antipasti*, einem *primo*, einem *secondo* und Dessert. Vorspeise und Dessert muss man nicht unbedingt bestellen, aber wer dem Kellner mit einem „Für mich nur einen Teller Spaghetti" kommt, darf sich nicht wundern, wenn der naserümpfend reagiert. Man kann jedoch versuchen, von der Pasta nur eine halbe Portion zu bestellen.

Den Nebel nicht ernst nehmen

Piemontesischer Nebel ist nicht wie der, den Sie vielleicht von zu Hause kennen. Er ist dicht. Er kann so dicht sein, dass Sie dreimal an Ihrem Hotel vorbeifahren. Damit sind wir auch schon beim Thema: An Nebeltagen ist im Straßenverkehr besondere Vorsicht geboten. Viele Autobahnen haben inzwischen ein Signalstreifensystem, das je nach Sichtweite die Idealgeschwindigkeit angibt. Doch wer kann, sollte das Auto an solchen Tagen einfach stehen lassen.

Getrennte Rechnungen verlangen

In italienischen Restaurants ist es üblich, dass für den ganzen Tisch nur eine Rechnung ausgestellt wird. Der Kellner kommt mit dem *conto*, das Rechengenie in der Runde teilt die Summe durch die Zahl der Esser, und jeder zahlt seinen Anteil. So einfach ist das! Die deutsche Sitte, auf den Cent genau pro Person und nach Verzehr abzurechnen, stößt beim italienischen *cameriere* nur auf wenig Verständnis. Auch in der Bar oder abends in der *birreria* sollte man südländische Großzügigkeit walten lassen, statt umständlich Einzelgetränke zu bezahlen. Solange man sich mit den Runden abwechselt, kommt es eh auf das Gleiche heraus.

Entfernungen unterschätzen

In den Langhe liegt alles so schön dicht beieinander – meint man. Hier ein Weindorf, dort eine Burg und dann noch zweimal abbiegen, schon sind wir in Ovada! Jedoch: Die Entfernungen der einzelnen Ortschaften in Luftlinie gemessen sind tatsächlich immer ziemlich gering. Aber die Langhe sind nun mal ein Hügelgebiet voller Auf und Abs, Täler und Weinberge. Und die Landsträßchen folgen kurven- und steigungsreich dem Landschaftsrelief. Mit zügigem Vorankommen ist es hier nichts; das sollte man bei der Planung einer Autotour berücksichtigen und stattdessen lieber entspannt die herrliche Natur genießen.

Ohne Mückenschutz starten

In der Poebene breiten sich endlose Reisfelder aus, die im Frühjahr geflutet werden. Dort fühlen sich Stechmücken besonders wohl. Weil die Reisfelder dicht an die Städte heranreichen, muss man im Sommer z. B. auch mitten in Vercelli mit richtig unangenehmen Mückenschwärmen rechnen.